Neue
# Kleine Bibliothek 87

AF288119

# Conrad Taler

# Asche auf vereisten Wegen

## Berichte vom Auschwitz-Prozess

Mit einem Beitrag von Irmtrud Wojak

*PapyRossa Verlag*

»In Gestalt des Lehrers Jehuda Bacon stand ein Zeuge vor Gericht, der als 14-Jähriger zusammen mit anderen Kindern in Auschwitz vor einen Pferdewagen gespannt wurde, mit dem im Winter die Asche der vergasten und verbrannten Häftlinge aus den Krematorien geholt wurde. ›Wir mussten die Asche auf die vereisten Wege schütten‹, berichtete er.«

*Aus dem Prozessbericht vom 30. November 1964*

3., erweiterte Auflage 2024

© 2003/2024 by PapyRossa Verlags GmbH & Co. KG, Köln
Luxemburger Str. 202, 50937 Köln
Tel.:          +49 (0) 221 – 44 85 45
Fax:          +49 (0) 221 – 44 43 05
E-Mail:      mail@papyrossa.de
Internet:    www.papyrossa.de

Druck:        Interpress
Umschlag:     Verlag
Umschlagfoto: Bundesarchiv, B 285 Bild-04413 / Stanisław Mucha / CC-BY-SA 3.0

Die Deutsche Nationalbibliothek verzeichnet diese Publikation in der Deutschen Nationalbibliografie; detaillierte bibliografische Daten sind im Internet über http://dnb.d-nb.de abrufbar

ISBN 978-3-89438-263-6

# Inhalt

Zur dritten Auflage      7

Vorwort
*Von Erardo C. Rautenberg*      9

I.
**Der Auschwitz-Prozess (1963 – 65)**
**Berichte von einem Jahrhundertverfahren**      11
Persönliche Vorbemerkung      12
Sie leugnen und stellen sich dumm – Angeklagte
im Auschwitz-Prozess machen eine klägliche Figur      14
Die Angeklagten verschleiern die Wahrheit –
Eine Zwischenbilanz nach der ersten Prozessphase      18
Zeugen schildern die Hölle von Auschwitz      24
Die Biedermannstünche blättert ab      31
Die Kinder von Auschwitz klagen an      37
Die »Moral« der Mörder von Auschwitz      45
Antrag auf Lokaltermin verursacht »Bauchschmerzen«      50
»Du kannst nur noch verrecken …«      55
Desaster für Mulka und Capesius      59
Wenn die Gaskammern geöffnet wurden …      63
Angeklagte wollen nicht zurück an den Tatort      68
Die »kleinen Rädchen« der Vernichtungsmaschine      72
Das Wiesel mit dem Mopsgesicht      76
Die große Schuld der IG Farben      81
Einer gesteht – und andere haben keine Ahnung      86
Erschießungen als »Mut- und Gehorsamsprobe«      90
Die Ankläger ziehen das Fazit      94
Verteidigung sieht eine »tragische Lage«      98
Prämie für einstige Komplizenschaft      103
Das Urteil      107

**II.**
**Fritz Bauer – »Im Kampf um des Menschen Rechte«**
*Von Irmtrud Wojak*                                               115

**III.**
**An den Wurzeln des Unheils**
**Über Fritz Bauers Wirken als politischer Mensch**
*Von Conrad Taler*                                               135

**IV.**
**Die Ordensaffäre Bütefisch**
**Bundesverdienstkreuz für Sklavenausbeuter von Auschwitz**
*Von Conrad Taler*                                               145

**V.**
**Nach den Wurzeln des Bösen fragen**
Ein Vortrag von Fritz Bauer vom 5. Februar 1964               153

**VI.**
**50 Jahre nach dem Auschwitz-Prozess**
*Von Conrad Taler*                                               163

**Auswahlbibliografie**                                          171

**Einem Nestbeschmutzer zum Gedenken**                           175

# Zur dritten Auflage

Am 20. Dezember 1963 begann in Frankfurt am Main der Auschwitz-Prozess. Die Strafsache, mit der es das Schwurgericht beim örtlichen Landgericht in ihrer ganzen Ungeheuerlichkeit zu tun bekam, sprengte alle bisherigen Vorstellungen von einem Verfahren zur Ahndung nationalsozialistischer Gewaltverbrechen. Angeklagt waren 22 ehemalige Mitglieder der Waffen-SS, alles Angehörige eines »Kulturvolkes« in der Mitte Europas. Zur Last gelegt wurde ihnen Beihilfe zum gemeinschaftlichen Mord an einer Million Menschen. Die Opfer erstickten in eigens dafür gebauten Gaskammern an den Dämpfen eines Blausäurepräparats mit den Kennzeichnung Zyklon B.

Blankes Entsetzen erfasste jedes Mal die Zuhörer im Gerichtssaal, wenn Überlebende der Todesfabrik mit stockender Stimme beschrieben, was sie beim Öffnen der Gaskammern sahen. Danach starben die meisten der zusammengepferchten Menschen im Stehen. Manche Mütter hätten noch ihr totes Kind an der Brust gehabt. Von der Pressetribüne aus konnte ich beobachten, wie Zuhörer ohnmächtig zu Boden sanken oder von Weinkrämpfen geschüttelt wurden, während die Beschuldigten auf den Anklagebänken dem Geschehen mit unbewegter Miene folgten. Dort saßen keine Monster, sondern Männer mit Durchschnittsgesichtern. Polizeibeamte salutierten mitunter, wenn die Angeklagten morgens zu zweit oder zu dritt das Gerichtsgebäude betraten und den Gruß feixend erwiderten.

An Prozesstagen verfolgten mich die Bilder aus dem Gerichtssaal bis in den Schlaf und selbst heute schrecke ich nachts hoch, wenn es die Gespenster in meinem Kopf zu arg treiben. Gelegentlich werde ich gefragt, wie es zu Auschwitz kommen konnte. Ich erinnere dann an die Vorgeschichte der Diskriminierung und Ausgrenzung jüdischen Lebens, aber mir fällt auch ein Ereignis aus der Nachkriegszeit ein. Noch ehe die Bundesrepublik mit dem Radikalenerlass und den Berufsverboten für unrühmliches Aufsehen sorgte, schoss die deutsche Polizei am 11. Mai 1952 in Essen mit scharfer Munition auf die Teilnehmer einer verbotenen Demonstration gegen die deutsche Wiederbewaffnung. Dabei wurde der 21 Jahre alte Eisenbahnarbeiter Philipp Müller, Mitglied der in Westdeutschland verbotenen kommunistischen Freien Deutschen Jugend, von einer Kugel tödlich getroffen und mehrere Demonstranten zum Teil schwer verletzt.

Drei Jahre nach Gründung der Bundesrepublik, war die Ausgrenzung der gegen die Wiederbewaffnung opponierenden kommunistischen Minderheit so weit gediehen, dass die gesamte so genannte unabhängige Presse – bis auf eine in München erscheinende Zeitung – das Ereignis kommentarlos hinnahm. Namhafte Blätter wie »Der Spiegel« und »Die Zeit« unterschlugen das ganze Geschehen sogar nachrichtlich und sahen auch Jahre später keinen Grund, sich für ihr standeswidriges Verhalten zu entschuldigen. Der Bundestag und das nordrhein-westfälische Landesparlament lehnten es ab, sich mit den Schüssen zu befassen.

Zwölf Jahre später saß ich für die antifaschistische Wochenzeitung »Die Tat« im überfüllten großen Hörsaal der Frankfurter Universität, wo der hessische Generalstaatsanwalt und Initiator des Auschwitz-Prozesses, Fritz Bauer, über den Sinn der Prozesse gegen Naziverbrecher sprach. Vergangenheit, Gegenwart und Zukunft waren seiner Meinung nach noch lange nicht bewältigt. Hier werde keiner von uns ausgenommen, und alles Pharisäertum sei unangebracht. Die Prozesse stellten eine bittere Medizin dar, wir alle müssten sie schlucken.

So steht es im Manuskript seiner Rede, deren Kopie mir Fritz Bauer zum Abdruck zur Verfügung gestellt hat. Ohne Fragen nach den Wurzeln des Bösen gebe es kein Heil und keine Heilung, ist da zu lesen Es gebe nur eine Medizin, das sei der Gedanke der Toleranz und die Anerkennung der Vielfalt der Menschen, ihrer Meinungen und ihrer Wünsche, nach eigener Facon selig zu werden. Es sei leicht und bequem, mit den Wölfen zu heulen und dabei sein Schäfchen ins Trockene zu bringen. Es sei schwer, sich dem Bösen zu widersetzen wenn die Wölfe im Namen des Staates handelten. Aber auf dieses Nein, so Fritz Bauer, komme es an.

Es gibt nichts, was ich dem noch hinzufügen könnte.

*Conrad Taler*

# Vorwort

Der Kern des vorliegenden Buches besteht aus 21 Reportagen, die der 2014 mit dem Kultur- und Friedenspreis der Villa Ichon in Bremen ausgezeichnete Kurt Nelhiebel vom 29. Januar 1964 bis zum 22. September 1965 über den großen Auschwitz-Prozess für das offizielle Organ der Israelitischen Kultusgemeinde in Wien verfasste.

Der große Auschwitz-Prozess war für die Entwicklung der Bundesrepublik von großer Bedeutung, weil er den Deutschen über die ausführliche Medienberichterstattung vor Augen führte, dass der NS-Staat ein Unrechtsstaat gewesen ist. Waren die Nürnberger Prozesse gegen die Hauptkriegsverbrecher und die zwölf Nachfolgeprozesse noch von vielen Deutschen als »Siegerjustiz« und die Vernichtungslager als ein Propagandakonstrukt der Alliierten abgetan worden, dokumentierte nun ein deutsches Gericht, was im deutschen Namen für Schandtaten begangen worden sind.

Ein neutraler Chronist dieses Prozesses war der 1927 geborene Journalist Kurt Nelhiebel, selbst ein Verfolgter des NS-Regimes, erklärtermaßen nicht. Nachdem dessen Reportagen erstmals gesammelt 2003 unter Nelhiebels Pseudonym Conrad Taler erschienen waren, schrieb Bernd Kleinhaus in einer Rezension vom 6. November 2014: »Gerade weil es sich bei den Prozessberichten von Conrad Taler nicht um distanzierte Gerichtsprotokolle handelt, sondern um sorgfältige und psychologisch genaue Beobachtungen eines Zeitzeugen, sind sie auch vierzig Jahre nach dem Auschwitz-Prozess eine wichtige Lektüre. Sie machen vor allem eines deutlich: Die Verbrechen des Nationalsozialismus waren nicht die eines abstrakten Regimes oder einer Ideologie, sie waren immer die ganz konkreter Täter.« Nur zustimmen kann ich auch dem, was Marcel Atze für den Newsletter des Fritz Bauer Instituts (Nr. 25/2003) verfasste:

»Die Berichte von Conrad Taler sind außerordentlich lesenswert, weil der Autor eine brillante Beobachtungsgabe besitzt und weil ihn eine ungeheure Auditivität auszeichnet. Talers Buch ist jedem zu empfehlen, der sich rasch über den Verlauf des Auschwitz-Prozesses, über dessen Höhepunkte und die im Gerichtssaal ausgetragenen Konflikte ein Bild machen möchte. Jeder wird zudem durch Conrad Talers außerordentliches sprachliches Darstellungsvermögen belohnt.«

Es verwundert daher nicht, dass die Erstauflage schnell vergriffen war. Somit war eine zweite Auflage überfällig. Sie enthält zwei neue Beiträge, von denen sich einer mit dem Leben und dem Werk meines Amtsbruders befasst, ohne den die Frankfurter Auschwitz-Prozesse vielleicht nie stattgefunden hätten, während er in dem anderen selbst zu Wort kommt: Fritz Bauer. Seit 1950 war Bauer Generalstaatsanwalt in Braunschweig, wo er den an der Niederschlagung des Umsturzversuches vom 20. Juli 1944 maßgeblich beteiligten Otto Ernst Remer wegen Verleumdung und Verunglimpfung des Andenkens Verstorbener, nämlich der ermordeten Widerstandskämpfer, anklagte. Dies begründete er damit, dass das Attentat gegen Hitler gerechtfertigt sei, weil es sich gegen den Repräsentanten eines Staates gerichtet habe, der wegen begangener Massenmorde ein »Unrechtsstaat« gewesen sei. Indem das Landgericht Braunschweig dieser Argumentation folgte und das Urteil vom Bundesgerichtshof unbeanstandet blieb, war für Bauer der Grundstein für die systematische Verfolgung des NS-Unrechts gelegt. Diese betrieb er vor allem während seiner Zeit als hessischer Generalstaatsanwalt von 1956 bis zu seinem Tod 1968, wobei der Charakter des NS-Staates als Unrechtsstaat sich an keinem anderen Ort als am Vernichtungslager Auschwitz eindringlicher verdeutlichen ließ.

Kurt Nelhiebel hat die großen Verdienste Fritz Bauers bei der Auseinandersetzung mit dem NS-Unrecht und der Demokratisierung der bundesrepublikanischen Gesellschaft als einer der ersten erkannt und gewürdigt. Daher gebührt ihm auch hierfür unser Dank!

*Generalstaatsanwalt*
*Prof. Dr. Erardo C. Rautenberg*

# I.
# Der Auschwitz-Prozess
# (1963–65)

**Berichte von einem Jahrhundertverfahren**

## Persönliche Vorbemerkung

Zwei Dinge fallen mir ein, wenn ich an den Auschwitz-Prozess denke, die erschütternden Aussagen der Überlebenden und das erbärmliche Verhalten der Angeklagten, die kein Wort des Bedauerns für ihre Opfer fanden. Dann gibt es noch ein Drittes, das mich betrifft, die quälende Rückkehr in den Alltag am Schluss eines jeden Verhandlungstages. Musste das Leben nicht stillstehen angesichts des Grauens, das eben noch im Gerichtssaal auf mich eingestürzt war? Aber draußen nahm alles seinen gewohnten Gang. Geschäftig wie immer eilten die Menschen hin und her, und ihre unbeteiligten Gesichter wirkten auf mich wie Masken aus einer anderen Welt.

In den Berichten über das Geschehen im Gerichtssaal erfüllte ich meine Chronistenpflicht nach bestem Wissen und Gewissen. Ein neutraler Beobachter war ich nicht. Das lassen meine Artikel für das offizielle Organ der Israelitischen Kultusgemeinde in Wien unschwer erkennen. Wenn mir jemand wegen meiner Parteinahme für die Opfer mangelnde Objektivität vorwirft, dann ehrt mich das. Als einer, der politische Verfolgung am eigenen Leibe erfahren hat, konnte ich nicht auf Distanz bleiben.

Als ich die inzwischen vergilbten Zeitungsseiten nach mehr als dreißig Jahren erstmals wieder zu Gesicht bekam, dachte ich: Wer das liest, ist ein für alle Mal gefeit gegen Parolen aus der rechten Ecke, er bekommt eine Vorstellung davon, wohin es führen kann, wenn Menschen ausgegrenzt werden. Die Suche nach einem Verlag, der die Berichte veröffentlicht, dauerte damals sechs Jahre. Alle beteuerten die Notwendigkeit des Erinnerns, aber es musste profitabel sein. Am Ende griff der PapyRossa Verlag 2003 die Idee auf, und die Bundeszentrale für politische Bildung unterstützte das Projekt. Dafür schulde ich ihnen Dank.

Zwölf Jahre ist das jetzt her. Inzwischen ist viel passiert, aber Auschwitz lebt im kollektiven Gedächtnis der Menschheit weiter und wird als Mahnung an das Weltgewissen die Zeit überdauern. Daran können auch neue Versuche nichts ändern, das beispiellose Verbrechen zu zerreden. 2006 warb Joachim Gauck dafür, den Holocaust als Phänomen der modernen Zivilisation rational einzuordnen, statt ihn auf eine »quasireligiöse Ebene« zu heben,[1] 2009 setzten ehemalige Dissidenten aus Osteuropa im Europäischen Parlament einen gemeinsamen Gedenktag für die Opfer Hitlers und Stalins durch, so als stünden die Befreier von Auschwitz moralisch auf derselben Stufe wie die SS-Schergen, die das Vernichtungslager bis dahin bewachten, und 2014 schrieb der Rechtshistoriker Michael Stolleis, der Holocaust sei »ein sehr komplexer, stetig eskalierender Prozess« gewesen, in dem sich »schrittweise die Radikalen durchgesetzt« hätten. Einen von Anfang an verfolgten »Generalplan der Judenvernichtung« habe es weder bei Hitler noch einem der Mächtigen in seinem Umfeld gegeben.[2]

Nach dem Willen des hessischen Generalstaatsanwalts Fritz Bauer sollte der Auschwitz-Prozess das Ausmaß der NS-Gewaltverbrechen dokumentieren und den Opfern sowie deren Hinterbliebenen eine Stimme geben. Das ist auch die Absicht dieses Buches, das anlässlich des 50. Jahrestages der Verkündung des Urteils in einer erweiterten Neuauflage erscheint. Auf die Darstellung der Vorgeschichte des Verfahrens, die inzwischen überall nachgelesen werden kann, wurde zugunsten einer Würdigung des Lebens von Fritz Bauer aus der Feder seiner Biographin Irmtrud Wojak verzichtet. Neu hinzugekommen ist außerdem der Text eines weithin unbekannten Vortrages, den der hessische Generalstaatsanwalt 1964 kurz nach Beginn des Auschwitz-Prozesses in Frankfurt am Main gehalten und den der Verfasser dieser Zeilen selbst miterlebt hat. Damals sprach Fritz Bauer die prophetisch klingenden Worte: »Nichts gehört der Vergangenheit an, alles ist noch Gegenwart und kann wieder Zukunft werden.«

*Conrad Taler, 2015*

---

1     Constanze von Bullion, Zwei Seelen, Süddeutsche Zeitung, 5./6. Juli 2014, S. 3.

2     Michael Stolleis, Das Unverstehbare verstehen – Der Holocaust und die Rechtsgeschichte, in Michael Stolleis, Nahes Unrecht, fernes Recht, Göttingen 2014, S. 56.

## Sie leugnen und stellen sich dumm
Angeklagte im Auschwitz-Prozess machen eine klägliche Figur

*29. Januar 1964*

Zehnmal erklingt leise ein scheppernder Glockenton, dann ruft ein
Wachtmeister aus dem Hintergrund: »Aufstehen, das Gericht kommt!«
An jedem neuen Verhandlungstag und nach jeder Pause wiederholt
sich der Vorgang.

»Zum Aufruf kommt die Strafsache gegen Mulka und andere.« Hinter
dieser Ankündigung des Gerichtsvorsitzenden, die so banal klingt,
als handle es sich um eine Wirtshausschlägerei oder ein Verkehrsdelikt,
verbirgt sich eines der abscheulichsten Kapitel der Menschheitsge-
schichte: das Verbrechen von Auschwitz.

22 Angeklagte stehen vor dem Frankfurter Schwurgericht, angefangen von den beiden Adjutanten des Lagerkommandanten, Mulka
und Höcker, über Angehörige der Lagergestapo, der Geheimen Staats-
polizei, bis hin zum stupiden, deswegen aber nicht minder brutalen
Arrestverwalter im Block 11, dem Todesblock. Sie alle waren Vollstrecker nazistischer Wahnideen, Rädchen in der Todesmaschinerie des
Dritten Reiches. Eine furchtbare Anklage lastet auf ihnen. Sie sollen
Morde begangen oder Beihilfe zum Mord an einer unbekannten Zahl
unschuldiger Frauen, Männer, Kinder und Greise geleistet haben.

Die Angeklagten haben die Geduld des Gerichts von Anfang an
auf eine schwere Probe gestellt. Bis auf einen – (Dieser Bericht unse-
res Frankfurter Mitarbeiters umfasst den Prozessverlauf vom 20. Dezember 1963 bis zum 15. Januar 1964) –, den Verantwortlichen der
Aufnahmeabteilung Hans Stark, der die aktive Beteiligung an einer
Erschießung an der berüchtigten Schwarzen Wand und an einer Massenvergasung im kleinen Krematorium zugegeben hat, leugnen alle
jegliche Schuld.

Die beiden Adjutanten Höcker und Mulka erwecken den Eindruck,
als seien sie in Auschwitz mit verbundenen Augen und verstopften
Ohren herumgelaufen, denn beide behaupten, nichts von Vergasungen
und Massenerschießungen gewusst zu haben. Der Gestapobeamte Wilhelm Boger, er gehört zu den acht Angeklagten, die sich in Untersu-

chungshaft befinden, lehnte jede Stellungnahme zu den Vorwürfen ab; er will sich erst im Schlusswort äußern. In Haft ist auch der ehemalige Schutzhaftlagerführer Hofmann. Er verbüßt wegen zweier Morde im Konzentrationslager Dachau eine lebenslange Zuchthausstrafe. Dreizehn Angeklagte befinden sich – zum Teil gegen Kaution – in Freiheit, so wie der Adjutant Mulka, der eine hohe Summe hinterlegte. Es ist kein angenehmes Gefühl, diese Leute im Gedränge an der Garderobe vor dem Gerichtssaal plötzlich ganz dicht neben sich zu haben …

Die Angeklagten versuchen, sich auf verschiedene Weise aus der Affäre zu ziehen: entweder leugnen sie rundweg jede Verantwortung, oder sie schieben sie auf SS-Angehörige, die nicht mehr am Leben sind. Als drittes wird die nazistische »Erziehung« ins Feld geführt. Stark: »Wir hatten keine eigene Meinung, das Denken haben uns andere abgenommen.« Seine Antwort auf die Frage, was er sich gedacht habe, als er zum ersten Mal von »Sonderbehandlung« hörte: »Alles wurde zur Kenntnis genommen. Aus. Ohne Kommentar. Es hieß eben, die Juden sind an allem schuld.« Immerhin gab er zu: »Heute schäme ich mich, aber damals habe ich alles bejaht.«

Der im »Standesamt« der Lagergestapo beschäftigte Angeklagte Johann Schoberth, der täglich rund 70 gefälschte Sterbeurkunden ausstellte, hat in Auschwitz ziemlich rasch von Vergasungen gehört, aber: »Ich hab' mir überhaupt nichts gedacht. In Auschwitz kam mir alles selbstverständlich vor.« An der Auswahl von Häftlingen für die Gaskammern oder an Erschießungen habe er nie teilgenommen.

Der bereits erwähnte Arrestverwalter des Todesblocks 11 – er heißt Bruno Schlage –, aus dessen Zellen viele Häftlinge zum Erschießen an der Schwarzen Wand vor dem Block 11 geführt worden sind, will nur »gerüchtweise« von Erschießungen gehört haben. »Nicht dass ich wüsste«, lautet seine stereotype Antwort auf alle Beschuldigungen. Er selbst habe nie Häftlinge erschossen oder misshandelt, behauptet er. »Ich habe nur die Zellen auf- und zugeschlossen.«

Dass es eine Stehzelle gegeben habe, in der auf engstem Raum viele Häftlinge zusammengepfercht wurden (Schlage: »Sechs Stück habe ich mal gezählt.«) und die so eng war, dass Ohnmächtige nicht umfallen konnten, will der Arrestaufseher nur »geahnt« haben. Dann musste er,

als ihm eine Skizze vorgelegt wurde, aber zugeben, dass es vier solcher
Stehzellen gab.

Was für Menschen in Auschwitz zu Herren über Leben und Tod
gemacht wurden, geht am besten daraus hervor, dass Schlage unfähig
war, selbst die Häftlingslisten im Todesblock zu führen. Das musste
ein polnischer Häftling machen, der die deutsche Sprache besser be-
herrschte als der »Herrenmensch« Schlage. Sein hartnäckiges Leugnen
kommentierte der Gerichtsvorsitzende Hans Hofmeyer resigniert mit
dem Satz: »Keiner hat hier etwas gemacht.«

Das trifft auch auf den Schutzhaftlagerführer Franz Hofmann zu.
Er brach bei seiner Vernehmung in Tränen aus und schob theatralisch
alle Verantwortung auf seine Vorgesetzten Höß, Aumeier, Grabner und
Schwarz. Sie sind alle tot. Bei früheren Vernehmungen hat Hofmann
zugegeben, Häftlinge in die Gaskammer getrieben zu haben. Heute sagt
er: »Das habe ich mir nicht reiflich überlegt.«

Schnell und eifrig berichtet er über alle möglichen Nebensächlichkeiten, ist so sehr bei der Sache, dass er den Gerichtsvorsitzenden sogar einmal mit »Herr Obersturmführer« anredet. Über das sogenannte
»Sportmachen«, bei dem Häftlinge, die kaum noch stehen konnten,
sadistisch gequält wurden, hat er seine besondere Meinung: »Das waren
Freiübungen zum Zeitvertreib.« Natürlich hat er auch diesen »Zeitvertreib« nicht befohlen. »Das haben die Häftlinge unter sich gemacht.«
Ja, er hat auch mal einem Häftling eine Ohrfeige gegeben. Aber: »Da
konnte man sich oft nicht anders wehren.«

Bei Erschießungen war Hofmann zwei- bis dreimal zugegen, das gab
er zu, aber selbst geschossen hat er angeblich nicht. Er hat auch nicht die
40 bis 50 Kinder im Alter von sechs bis sieben Jahren aus Block 18 zur
Vergasung ausgewählt, wie ihm vorgeworfen wird. Bei der Vernehmung
tat er zunächst völlig unwissend. »Waren überhaupt Kinder im Lager oder
nicht? Ich weiß es nicht genau.« Aber dann musste er zugeben, die armen
Geschöpfe »wegen Platzmangels« nach Birkenau geschickt zu haben,
und er weiß auch, was die Bezeichnung »B – F – II« auf den Begleitlisten
bedeutete: »Birkenau – Feuerstelle – II«. Das war die Gaskammer…

Aber Hofmann jammert: »… meine guten Seiten vergisst man.« Einen Kinderspielplatz will er angelegt haben, und alles kann er haarklein

beschreiben: Schaukeln, Sand zum Spielen, doch wie viele Insassen das
seiner Verantwortung unterstehende Zigeunerlager hatte, das weiß er
vorgeblich nicht mehr. Nicht von ungefähr stellte er sich dumm, denn
der Vertreter der Nebenkläger, Rechtsanwalt Henry Ormond, hielt ihm
vor, dass in fünf Monaten 7.000 Häftlinge dieses Lagers starben, ein
Drittel von allen. Da zieht es Hofmann doch lieber vor, auf jede weitere
Beantwortung von Fragen des Anwalts zu verzichten.

Jämmerliche Figuren, diese Männer. Sie drehen und winden sich,
leugnen, stellen sich dumm, und saßen doch einmal hoch oben auf dem
Olymp großdeutscher Herrlichkeit, in prächtigen SS-Uniformen mit
dem Totenkopf auf der Mütze …

Der Auschwitz-Prozess rollt ein Stück Vergangenheit auf. Die Jugend
muss wissen, was war, damit sich das alles nie wiederholt. Aber die da
vor Gericht stehen, sind nur ein Teil dieser Vergangenheit. Sie waren
die Werkzeuge zur »Endlösung der Judenfrage«. Wer hat sich ihrer bedient? Staatsanwalt Joachim Kügler hat diese Frage aufgeworfen. »Dass
die Juden nach Auschwitz gebracht wurden, hat sich doch nicht der La-
gerkommandant ausgedacht«, hielt er dem Angeklagten Hofmann vor.
Und er leitete dann zu einem Problem über, das in diesem Verfahren
Beachtung verdient. Er erinnerte Hofmann an dessen Aussage, dass
nach Ankunft der Transporte die Zahl der auszusortierenden Arbeitsfähigen bei den Selektionen auf der Rampe sich nach dem »Bedarf«
gerichtet habe. Es sei ja von vornherein ein bestimmter Prozentsatz von
Arbeitsfähigen und Nichtarbeitsfähigen – die Letztgenannten wurden
geradewegs ins Gas geführt – festgelegt worden. Wer denn den Bedarf
an Arbeitskräften festgelegt habe, will der Staatsanwalt wissen, und er
setzt bedeutungsschwer hinzu: »Hingen da nicht Betriebe dran?« Und
Hofmann berichtet, dass es sich dabei um die Deutschen Ausrüstungs-
werke, um Betriebe der Firma Krupp, um eine Firma Union und um
die IG-Farben-Werke in Monowitz gehandelt habe.

Ja, sie waren es, die Häftlinge zur Sklavenarbeit angefordert haben,
sie meldeten ihren »Bedarf« an und sie bestimmten damit indirekt auch
die Zahl der fürs Gas bestimmten arbeitsunfähigen Menschen. Sind sie
nicht mitschuldig geworden? Sie waren Nutznießer des Massenverbre-
chens und sie müssen gewusst haben, was Auschwitz in Wirklichkeit war.

Als der Adjutant Mulka vor Gericht gefragt wurde – die Frage resultierte aus Mulkas Behauptung, er habe in Auschwitz lediglich so etwas wie den »Empfangschef« gespielt –, wer denn da zu Besuch gekommen sei, erwiderte er: »Das kamen die Herren von der IG …«

Es gibt Bilddokumente, auf denen diese Herren in Auschwitz zusammen mit SS-Führern zu sehen sind. Strafrechtlich können sie vermutlich nicht mehr zur Verantwortung gezogen werden, aber ihre Zusammenarbeit mit der SS gehört in das politische Bild von der Vergangenheit, und dieses Bild muss die Nachwelt in seinem ganzen Umfang kennen. Doch nicht nur das Bild der Vergangenheit, sondern auch das der Gegenwart; denn die modernen Sklavenhalter des Dritten Reiches sind wieder obenauf, sitzen vielfach in Aufsichtsräten, leiten große Werke – als sei nichts geschehen.

Dies alles wird im Auschwitz-Prozess wahrscheinlich nie ganz geklärt werden können. Aber diejenigen, die es wissen, müssen für Aufklärung sorgen. Das sind sie denen schuldig, die in den Gaskammern, an der Schwarzen Wand oder wo auch immer gestorben sind.

## Die Angeklagten verschleiern die Wahrheit
Eine Zwischenbilanz nach der ersten Prozessphase

*20. Februar 1964*

Es war am dreizehnten Verhandlungstag im Auschwitz-Prozess, als auf der Zuhörertribüne plötzlich Unruhe entstand. Richter, Staatsanwälte, Journalisten und Polizeibeamte wandten die Köpfe zur Empore. Jemand rief nach einem Sanitäter. Was war geschehen? Während der angeklagte SS-Sanitäter Josef Klehr grausige Einzelheiten der Ermordung kranker Häftlinge durch Phenolinjektionen in den Herzmuskel schilderte, hatte ein Zuhörer das Bewusstsein verloren. Er war auf der Bank zusammengesunken und musste in den Sanitätsraum gebracht werden.

Der Auschwitz-Prozess stellt die Nerven jedes einzelnen auf eine harte Belastungsprobe. Wer wenige Meter von den Angeklagten entfernt von seinem Journalistenplatz aus die Verhandlung verfolgt, muss sich mit einem Panzer von Gelassenheit umgeben. Nur so ist es möglich, die Gedanken und Gefühle im Zaum zu halten.

Die erste Phase dieses größten Prozesses gegen SS-Verbrecher ist nach fünfzehn Verhandlungstagen zu Ende gegangen. Alle 22 Angeklagten wurden zur Sache vernommen. Wie nicht anders zu erwarten, waren die Aussagen der Beschuldigten nicht sehr ergiebig. Die ehemaligen SS-Angehörigen machten weidlich von der Bestimmung des deutschen Prozessrechts Gebrauch, der zu Folge ein Angeklagter straflos bewusst die Unwahrheit sagen darf. Nur drei von ihnen bequemten sich zu Teilgeständnissen. Es handelt sich, wie bereits berichtet, um Hans Stark und Franz Hofmann. Neu hinzu gekommen ist besagter Josef Klehr. Man kann ihn nicht anders denn als Scheusal in Menschengestalt bezeichnen. Als ihm die Frage vorgelegt wurde, wie viele Menschen er wohl durch giftige Injektionen getötet haben mag, antwortete er beiläufig: »So 250 bis 300 werden es wohl gewesen sein.«

Klehr hat in Auschwitz eine von vielen Tötungsarten praktiziert. Als »SDG im HKB« – der Angeklagte bedient sich noch immer der Sprache der Unmenschen, um zu erklären, dass er als Sanitätsdienstgrad im Häftlingskrankenbau tätig war – sortierte er Kranke zur Tötung aus.

Anfänglich wurde das Phenol in die Venen gespritzt. »Aber die waren bei den Häftlingen schlecht zu treffen.« Deshalb wählte man die schnellere Methode, den Stich ins Herz. Ob ihm denn niemals Bedenken gekommen seien? Seine Antwort: »Wir waren doch genau solche Nummern wie die Häftlinge.« Ganz offensichtlich fehlt dem Manne noch heute jegliche Einsicht. Wie sonst könnte er sich mit dem Satz herausreden: »Ich machte meinen Dienst, wie mir befohlen wurde. Weiter habe ich nichts gemacht.« Alle, so scheint es, haben angeblich nur getan, was ihnen befohlen worden sei, und manchmal nicht einmal das. Mehr als einmal beendete der Gerichtsvorsitzende langatmige Ausflüchte der Angeklagten mit der halb ironischen, halb resignierenden Bemerkung: »Ja, ja, ich kenne eigentlich niemand bis jetzt, der etwas getan hat in Auschwitz.«

Der ehemalige Adjutant des Lagerkommandanten Höß, Robert Mulka, hat in Auschwitz nichts gesehen, nichts gehört, nichts befohlen und niemals Klagen gehört. Für ihn war Auschwitz ein Schutzhaftlager, in das nur »Staatsfeinde« gesperrt wurden. Fragen des Nebenklagevertreters Rechtsanwalt Ormond, der die Interessen vieler Auschwitzopfer vertritt, beantwortete Mulka auf Anraten des »Starverteidigers« Laternser, grundsätzlich nicht. Die meisten anderen Angeklagten übrigens auch nicht. Ormond übte scharfe Kritik am Verhalten Laternsers. »Es ist offensichtlich«, stellte er fest, »dass er versucht, durch seine Taktik die Aufklärung der Wahrheit zu verhindern.« Dies sei eine »bewusste Missachtung und Kränkung der Opfer«. In solchem Verhalten werde »die Fortsetzung jener Gesinnung demonstriert, die die Angeklagten in Auschwitz schuldig werden ließ«.

Aber schuldig fühlt sich auch der frühere Adjutant Karl Höcker nicht. Er behauptete, niemals einen Befehl erteilt zu haben. Er hat angeblich weder von der Schwarzen Wand, wo Massenerschießungen stattfanden, noch von Gaskammern gewusst. Nur eines wusste er – und Höcker bringt es erstaunlicherweise noch heute zu seiner Entschuldigung vor: »Was vom Reichssicherheitshauptamt kam, war ein rechtmäßiger Befehl.« Ob mit diesem Befehl zehn oder hundert Menschenleben ausgelöscht wurden, interessierte Höcker nicht.

Die ehemaligen Angehörigen der Politischen Abteilung in Auschwitz, Klaus Dylewski und Pery Broad, leugneten ganz entschieden die Teilnahme an Selektionen auf der Rampe. Sie haben nur so »dagestanden« oder wollten sich nur »informieren«. Als Broad gefragt wurde, ob Kinder generell als arbeitsunfähig galten und somit für die Gaskammern bestimmt waren, erwiderte er eiskalt: »Wenn Sie die üblichen Maßstäbe anlegen, ja.« Für ihn entschuldigte das »Kriegsrecht« alles. Andere seien schließlich auch grausam gewesen. Bei früheren Vernehmungen hatte Broad die Teilnahme an der Aussonderung von Kindern zur Vergasung zugegeben. Heute redete er von »falschen Formulierungen«. Er sei damals krank und erregt gewesen.

Der frühere Schutzhaftlagerführer Hofmann meinte, er würde niemals mehr in einer Voruntersuchung auch nur ein Wort sagen. Wütend stieß er im Gerichtssaal hervor: »Ich weiß überhaupt nicht, was man von mir will.« Das sagte ein Mann, der die aktive Teilnahme an einer Massenvergasung zugeben musste ...

Eine der übelsten Figuren in diesem Prozess, der frühere Rapport-führer Oswald Kaduk, nahm sich den schwer belasteten Wilhelm Boger zum Vorbild. Als er aufgerufen wurde, ging er mit langen, wiegenden Schritten nach vorn, schlug kurz die Hacken zusammen, verneigte sich leicht und schnarrte in den Saal: »Ich verweigere hier die Aussage zur Sache.« Dann ging er zurück und setzte sich wieder auf seinen Platz. Kaduk ist einer von denen, die in Auschwitz alles gemacht haben. Seine Spezialität waren jedoch die Morde an einzelnen Häftlingen. Er schlug sie zusammen, erdrosselte sie oder streckte sie eigenhändig mit einer Kugel nieder. Von Reue keine Spur. Kaduk musste schon mehrmals verwarnt werden, weil er während der Verhandlung Zeitung las oder vergnügt vor sich hin lachte.

Am Verhalten des Angeklagten Stefan Baretzki – er soll Häftlinge unter anderem durch einen »Spezialschlag« mit der Hand getötet haben – ließ sich am besten eine der Methoden studieren, mit denen die Beschuldigten sich aus der Affäre ziehen wollen. Er überfiel das Gericht mit einem Schwall von Nebensächlichkeiten, erläuterte selbst die kleinste Kleinigkeit bis ins letzte Detail, nur – wenn es um die direkt gegen ihn erhobenen Vorwürfe ging, hatte er kein Erinnerungsvermögen mehr oder behauptete schnippisch: »Das trifft nicht zu.«

Der frühere Blockführer Heinrich Bischoff gab, wahrscheinlich völlig unbewusst, zu erkennen, dass die einstigen Herren über Leben und Tod in erster Linie Mitleid mit sich selbst haben. An den Anfang seiner Aussagen stellte er jedenfalls die Mitteilung, dass er seit Jahren herzkrank sei. Er sei zeit seines Lebens ein ehrlicher Mensch gewesen. »Und jetzt sollen mir durch solch eine Schweinerei noch die letzten Tage meines Lebens versaut werden.« Eine »Schweinerei« ist es laut Bischoff, dass er in diesen Prozess einbezogen wurde. Mit weinerlicher Stimme gab der Angeklagte zu, einem angeblich auf der Flucht angeschossenen Häftling durch mehrere Gnadenschüsse den »Sterbeweg verkürzt« zu haben. Und auch das nur – man höre! – auf Bitten der umstehenden Häftlinge. Andere Beschuldigungen wies er weit von sich. »Ich bin doch kein Unmensch.«

Mit dem Angeklagten Arthur Breitwieser steht ein Zyklon-B-Spezialist vor Gericht. Das Gift wurde für Tötungen in den Gaskammern benutzt.

Breitwieser wurde als erster in Auschwitz über die Anwendung des
Giftes unterrichtet. »Es wirkte furchtbar schnell«, erzählte er. Menschen
habe er damit nicht vergast. Für ihn war Zyklon B nur zum Entwesen,
also zum Desinfizieren von Kleidungsstücken und Unterkünften da.

Der Zahnarzt Dr. Schatz will von Vergasungen nur vom »Hörensagen« gewusst haben. Natürlich hat auch er nicht an Selektionen teilgenommen. Wenn Transporte eintrafen, sei er zwar an der Rampe gewesen, aber nur um »zahnärztliches Material« zu erfassen. Er habe
alles getan, um den Häftlingen das Leben so angenehm wie möglich zu
machen. Sogar Hühner will er außerhalb des Lagers für sie organisiert
haben. So ein Engel!

Der Angeklagte Dr. Lucas wollte nach eigenen Angaben weg von
Auschwitz, nachdem ihm das schreckliche Geschehen bewusst geworden war. Während eines Urlaubs, so berichtete er jetzt vor Gericht,
habe er bei Bischof Dr. Bernig in Osnabrück um Rat nachgesucht. Der
aber habe ihm gesagt, die Ablehnung unmenschlicher Befehle »gehe
nicht so weit, dass man sein eigenes Leben gefährdet.« Auch ein hoher
Jurist – ob er wieder oder noch immer amtiert? – habe ihm damals
keinen Rat geben können. Im fünften Kriegsjahr »da kommt eben so
manches vor« habe seine Antwort gelautet. Lucas wurde schließlich
von Auschwitz in andere Konzentrationslager strafversetzt und tauchte
noch vor Kriegsende unter. Er ist der einzige Angeklagte, für den einige
Pluspunkte zu Buch stehen.

Anders der angeklagte Apotheker Dr. Victor Capesius, in Auschwitz
Leiter der Hauptapotheke und Verwalter des Zyklon-B-Vorrats. Er ist
stark belastet, soll Kinder selektiert und tödlich verlaufene Experimente
mit Evipan und Morphium gemacht haben. Frech leugnete er jedoch
in der Verhandlung jede Schuld und bezichtigte alle Zeugen der Lüge.
»Die Zeugen müssen ja etwas Belastendes sagen, sonst wären sie ja nicht
nach Frankfurt bestellt worden.« Man wundert sich, dass das Gericht
solche Unverschämtheiten ungerügt ließ.

Auch der ehemalige SS-Sanitäter Emil Hantl, der unter anderem 80
Kinder durch Giftinjektionen ermordet haben soll, verfuhr nach dieser
Methode. Er nannte die Zeugenaussagen »lächerlich« und »gelogen«. Was
er denn im Krankenbau eigentlich getan habe, wollte das Gericht wissen.

»Das möchte ich auch wissen«, lautete seine provozierende Antwort. »Wir saßen dort rum.« Kinder habe er im Stammlager nie gesehen. Wie gut er zu den Häftlingen gewesen sei, könne man am besten daran erkennen, dass er Radieschen für sie organisiert habe und Heizgeräte.

So war das also: der eine hat Kinderspielplätze gebaut und Zusatzverpflegung bei der SS-Verwaltung für die Häftlinge besorgt, der andere schaffte Hühner zum Braten für die Gefangenen in die Todesfabrik und der dritte sorgte für Radieschen und Heizgeräte – als habe es sich nicht um die schaurigste Vernichtungsstätte, sondern um ein Sanatorium gehandelt.

Diese erste Zwischenbilanz kann nicht abgeschlossen werden, ohne jene Aussagen zu erwähnen, die den Blick auf die Hintergründe des schrecklichen Geschehens lenken. Emil Hantl war es, der – aus welchen Gründen immer – die Mitverantwortlichen für die ständigen Krankenaussonderungen nannte, an deren Ende für viele die Gaskammer oder der Tod durch Phenolinjektionen stand. Er sagte aus, die IG Farbenwerke hätten häufig Kranke abgeschoben, um nicht der SS für unproduktive Arbeitssklaven Geld schenken zu müssen.

Der Angeklagte Gerhard Neubert, zuletzt Angestellter bei der Bundeswehr, wurde etwas ausführlicher. Er berichtete, dass die IG-Farben-Industrie, die aus dem Lager Monowitz Häftlinge zur Arbeit bezog, sich im Herbst 1943 beschwert habe, die ihr zugeführten Häftlinge seien krank und nicht arbeitsfähig. Darauf hin habe auf Befehl des Lagerführers eine große Aussonderung von arbeitsunfähigen Häftlingen stattgefunden. Die Ausgesonderten kamen aber nicht, wie Neubert behauptete, in ein »Schonlager«, sondern wurden »gesondert untergebracht«, wie die Tarnbezeichnung für Vergasung lautete.

Insofern wurden die Direktoren der an Auschwitz angeschlossenen Werke mitschuldig am Tod unzähliger Häftlinge. Haben sie ihre Schuld gebüßt? Einige von ihnen wurden nach Kriegsende vom alliierten Gericht in Nürnberg verurteilt. Aber die wenigen Jahre Haft, die sie verbüßen mussten, wiegen das Leid nicht auf, das durch sie über so viele Menschen gekommen ist. Sie sollten sich aus dem öffentlichen Leben zurückziehen und ihre hohen Einkommen als Aufsichtsräte und Direktoren den Hinterbliebenen der Opfer zur Verfügung stellen. Das ganze

Ausmaß der Verbrechen, die in Auschwitz begangen wurden, wird in der nächsten Prozessphase deutlich werden, wenn die Überlebenden der Todesfabrik in den Zeugenstand treten.

## Zeugen schildern die Hölle von Auschwitz

*31. März 1964*

Der Polizist an der Tür gab dem Staatsanwalt ein Zeichen. Der rief laut: »Fertig!« Drei Herren in Zivil kamen hinter der weißen Stellwand im Vorraum des Gerichts hervor und fassten Posten vor der Treppe, am Aufzug und an der Garderobe. Die Uhrzeiger waren auf 17.38 Uhr gerückt. Ungeduldig ging der Staatsanwalt auf und ab. Da, endlich öffnete sich die Flügeltür des Verhandlungssaales. Journalisten, Zuhörer und Rechtsanwälte strömten zur Garderobe. Keiner wusste, was sich anbahnte. Aber der, auf den Staatsanwalt Kügler mit den Polizeibeamten in Zivil und zwei uniformierten Polizeioffizieren wartete, kam nicht.

Als ahnte er, dass Unheil auf ihn wartet, verließ der Angeklagte Mulka nicht seinen Platz. Er war es nämlich, für den ein Haftbefehl ausgestellt worden war. Unter größter Geheimhaltung traf man die Vorbereitungen für seine Festnahme, nachdem am Tag davor ein neuer Zeuge ausgesagt hatte, der frühere SS-Hauptsturmführer und Adjutant des Lagerkommandanten Höß habe eigenhändig drei Häftlinge erschossen. Als Mulka keinerlei Anstalten machte, den Gerichtssaal zu verlassen, gingen die Beamten auf ihn zu und eröffneten ihm, er sei wegen Mordverdachts festgenommen.

Der distinguierte Herr im dunkelblauen Anzug mit dem weißen Kokettiertuch in der Brusttasche scheint an diesem Vormittag mit allem, nur nicht mit seiner Verhaftung gerechnet zu haben. Am Vormittag noch hatte sein Verteidiger – welche Ironie! – die Einstellung des Verfahrens gegen Mulka und die Rückzahlung der Kaution von 50.000 Mark gefordert, gegen die der jetzige Exportkaufmann vor längerer Zeit aus der Untersuchungshaft entlassen worden war.

Die inzwischen vom zuständigen Richter bestätigte Verhaftung Mulkas hat symbolischen Charakter für den weiteren Fortgang des

Auschwitz-Prozesses. So wie der ehemalige Lageradjutant, der bisher mit viel Geschick den Eindruck zu erwecken versuchte, als könne er keiner Fliege etwas zu leide tun, und der sich offensichtlich völlig zu Unrecht auf der Anklagebank sieht, so, wie nun Mulka ganz plötzlich als Mann dasteht, der eigenhändig gemordet haben soll, so wandelte sich auch das Bild der anderen Angeklagten. Bis dahin hatten sie das Geschehen in Auschwitz aus ihrer Sicht dargestellt und sich selbst mit dem besten Zeugnis versehen, ausgenommen jene, die jegliche Aussage zur Sache verweigerten oder unter der Last der Beweise Teilgeständnisse ablegten.

Nun aber traten die Überlebenden der Hölle von Auschwitz in den Zeugenstand und entkleideten die Angeklagten ihres Biedermanngewandes. Vor überfüllten Presse- und Zuhörerbänken blätterten sie das Buch der Geschichte auf, in dem der Name Auschwitz in blutigen Lettern verzeichnet ist. Sie machten ihre Aussagen augenscheinlich frei von jedem Gefühl des Hasses oder der Rache, jeder von ihnen ein Beispiel menschlicher Größe. Keiner der ehemaligen Häftlinge ließ sich zu einer unbedachten Äußerung hinreißen, keiner erweckte den Eindruck, als koste er den Augenblick aus, da die Stunde der Gerechtigkeit für die Peiniger von einst geschlagen hat.

Da war keiner im Saal, der sich nicht zutiefst angerührt fühlte, als der ehemalige Häftlingsarzt Dr. Otto Wolken auf den Angeklagten Baretzki zuging, ihn identifizierte und sagte: »Es tut mir leid für ihr persönliches Schicksal.« Über viele Stunden hinweg schilderte der schmächtige Arzt aus Wien mit ruhiger Stimme das Inferno von Auschwitz. Was er selbst durchlitten hat, geht daraus hervor, dass er bei der Befreiung 1945 noch ganze 38 Kilo wog. Es sei schwer, im Einzelfall Mordanklage zu erheben, sagte er. »Die Toten können nicht mehr anklagen.« Und er fügte hinzu: »Was uns zu denken geben sollte, das ist die Tatsache, dass diese Mordmaschine nie in Gang gekommen wäre, wenn sich nicht Zehntausende zu ihrer Bedienung bereit gefunden hätten.«

Es würde zu weit führen, alle Einzelheiten der entsetzlichen Verhältnisse im Lager wiederzugeben. Das Grauen, das Dr. Wolken heraufbeschwor, spiegelte sich auf den Gesichtern der Richter und Geschworenen, der Zuhörer und Journalisten wider. An einer Stelle brach die Stimme

des Zeugen. Das war bei der Schilderung einer unvorstellbaren Tragödie.
Mütter sollten sich von ihren Kindern trennen, die ins Gas mussten.
»Aber die Mütter weigerten sich, sie gingen mit ihren Kindern ins Gas.«
Die Frauen unter den Geschworenen ließen ihren Tränen freien
Lauf, als Dr. Wolken schilderte, was sich bei der Vergasung von 90 jü-
dischen Kindern zutrug. Ein 14jähriger Knabe habe den Kleinen beim
Besteigen der Lastwagen geholfen und beruhigend auf sie eingeredet.
Als könne er sie trösten, habe er erzählt: »Ihr habt gesehen, wie eure
Eltern und Großeltern umgebracht wurden. Dort oben sehen wir sie
wieder.« Den umherstehenden SS-Schergen habe er die Worte ins Ge-
sicht geschleudert: »Glaubt nicht, dass euch der Tod erspart bleibt, ihr
werdet so krepieren, wie ihr uns krepieren lasst.«

Dr. Wolken belastete im einzelnen die Angeklagten Baretzki und
Klehr. Dem ersten warf er vor, Häftlinge mit Knüppeln geschlagen
und andere erschossen zu haben. Von Klehr sagte er: »Er gehörte zu
den gefürchtetsten SS-Leuten. Seine Spezialität waren Todesspritzen ins
Herz.« Der 60jährige Arzt bestätigte zugleich, dass niemand gezwungen
war, die Verbrechen zu begehen. Einmal sei ein neuer SS-Arzt nach
Auschwitz gekommen. Der habe sich einen Tag lang umgesehen und
noch am selben Abend das Lager verlassen. Anscheinend habe er zu
dem, was er gesehen habe, seine Hand nicht reichen wollen.

An einem Beispiel schilderte Dr. Wolken, dass sich nicht alle wider-
standslos in die Todeskammern führen ließen. Während der Vergasung
von polnischen Jüdinnen am 25. Oktober 1943 habe eine Frau dem
SS-Mann Schillinger vor der Gaskammer die Pistole entrissen und ihn
mit einem Schuss niedergestreckt.

Einen tiefen Einblick in das infernalische Geschehen vermittelten
auch die Aussagen der Zeugin Dr. med. Ella Lingens aus Wien. Sie
war Häftlingsärztin im Krankenrevier des Frauenlagers in Auschwitz
und verdankt ihr Überleben dem SS-Arzt Dr. Rohde, der sie von ihrer
Studienzeit in Marburg her zu kennen glaubte. »Er hat mir das Leben
gerettet, aber er hat auch Zehntausende dem Tod überantwortet.« Die
früh ergraute Zeugin ergänzte diese Feststellung durch den aufschluss-
reichen Satz: »Ich kenne kaum einen SS-Mann, der nicht sagen könnte,
er habe einem das Leben gerettet. Aber alle, die sich auf irgendeine

Weise ein Alibi zu verschaffen suchten, mordeten in anderen Fällen ohne Bedenken. Dr. Mengele beispielsweise schickte 750 Frauen ins Gas, um die Läuseplage zu bekämpfen. Er wollte eine Baracke frei haben, um das Ungeziefer dort ausrotten zu können ...«

Frau Dr. Lingens berichtete, der Winter 1942/43 sei eine wirkliche Katastrophe gewesen. Binnen weniger Monate seien zehntausend Frauen gestorben, ein Drittel aller Insassen des Frauenlagers. Im Krankenrevier lagen nach ihren Angaben 7.000 Frauen. Sie mussten sich zu viert ein Bett teilen. Es habe an den primitivsten Voraussetzungen gefehlt, wirksam helfen zu können. Aus Angst vor ansteckenden Krankheiten hätten die SS-Leute das Frauenlager gemieden. Deshalb kannte die Ärztin einige Angeklagte nur aus der Ferne. Von Boger wusste sie jetzt zu berichten: »Immer wenn von Misshandlungen gesprochen wurde, sprach man von Boger.« Kaduk sei der Inbegriff des Schreckens gewesen. Wenn von ihm die Rede gewesen sei, habe es immer nur geheißen: »Um Gottes Willen, Kaduk ...«. Als »völlig ausgeschlossen« bezeichnete es Frau Dr. Lingens, dass der Adjutant Mulka von all dem Furchtbaren nichts gewusst haben will.

Die Zeugin sagte dies im Anschluss an die Schilderung eines schrecklichen Erlebnisses. Sie sei an einem der Scheiterhaufen vorbei gekommen, auf denen zu Tausenden Leichen verbrannt wurden. Plötzlich habe ein SS-Mann etwas durch die Luft ins Feuer geworfen, das sich bewegte. Es war ein Kind, ein lebendes Kind. Die Ärztin weigerte sich ihren Worten zufolge instinktiv, das Entsetzliche als wahr hinzunehmen. Während sie das kleine Wesen durch die Luft wirbeln sah, redete sie sich ein, dass es ein Hund sein müsse. Aber es war kein Hund, es war ein Kind.

Sehr bestimmt widerlegte Dr. Lingens die Behauptung des angeklagten Lagerapothekers Capesius, er sei möglicherweise bei Selektionen mit dem SS-Arzt Dr. Klein verwechselt worden. Eine solche Verwechslung, so erklärte sie, scheide allein wegen des altersmäßigen Unterschiedes von rund 20 Jahren aus. Auch die Sprache und das Gesicht seien verschieden.

Der anschließend als Zeuge gehörte frühere SS-Arzt Dr. Hans Wilhelm Münch zerstörte gleichfalls die Legende, kein SS-Angehöriger habe sich dem Morden entziehen können. Münch arbeitete an einem

SS-Hygiene-Institut in der Nähe von Auschwitz. Kurz nach seinem
Eintreffen wurde er zu Selektionen eingeteilt. Um bei der Auswahl
von Wehrlosen für die Gaskammer nicht mitmachen zu müssen, fuhr
er zu seiner vorgesetzten Dienststelle nach Berlin und begründete dort
seine ablehnende Haltung. Der oberste SS-Verantwortliche zeigte nach
Darstellung des Zeugen volles Verständnis und entband Dr. Münch von
der Teilnahme an Selektionen.

Der heute in Bayern als Arzt tätige Bakteriologe und Hygieniker
entschloss sich dennoch, in Auschwitz zu bleiben, weil er glaubte, helfen zu können. Er ließ sich in den berüchtigten Experimentierblock 10
versetzen, wo der Sadist Dr. Carl Clauberg seine medizinischen Versuche an Frauen vornahm. Dort begann Dr. Münch harmlose eigene
Versuche, die den Zweck hatten, Frauen vor dem furchtbaren Schicksal
zu bewahren, Dr. Clauberg in die Hände zu fallen. Münch stand nach
Kriegsende zusammen mit dem Lagerkommandanten Liebehenschel
und anderen SS-Leuten aus Auschwitz in Krakau vor einem polnischen
Gericht und wurde als einziger freigesprochen.

Einen wesentlich anderen Eindruck als Zeuge hinterließ der ehemalige SS-Führer Dr. Joachim Caesar, der in der Nähe von Auschwitz
Leiter einer landwirtschaftlichen Versuchsanstalt war, in der unter Einsatz von Häftlingen Kautschukpflanzen zur Gewinnung von kriegswichtigem Gummi gezüchtet werden sollten. Er war sehr gesprächig, wenn es
darum ging, das Leben in Auschwitz als relativ erträglich darzustellen,
aber er wurde sehr wortkarg, als seine mögliche Verstrickung in Morde
zur Sprache kam. Seine Aussage erbrachte nichts Wesentliches.

Einen weiteren Höhepunkt der Hauptverhandlung bildete – bis zur
Niederschrift dieses Artikels – die Einvernahme des Zeugen Hermann
Langbein aus Wien. Die Stühle für Journalisten und andere Beobachter
waren bis auf den letzten Platz besetzt, als der ehemalige Häftlings-
schreiber beim Standortarzt Dr. Wirths in den Zeugenstand trat. Der
Vorsitzende teilte mit, dass seine Zeugenaussage auf Tonband aufge-
nommen werde, damit das Gericht sie vollständig als Stütze bei der
Wahrheitsfindung zur Verfügung habe.

Langbein kam als politischer Häftling auf dem Umweg über das
Konzentrationslager Dachau bei München nach Auschwitz. Schon in

Dachau war er im Häftlingskrankenbau tätig. Um den Unterschied zwischen beiden Lagern zu verdeutlichen, sagte er: »Ich habe in Dachau täglich das Totenbuch gesehen. Wenn zehn Leute starben, war es ein schlimmer Tag. In Auschwitz wurden aber Tag und Nacht auf sieben Schreibmaschinen nur Totenmeldungen geschrieben.«

Mit knappen Handbewegungen unterstrich der Zeuge seine erschütternden Aussagen. Er sprach ruhig und sicher. Wie kaum ein anderer hatte er Einblick in das Auschwitzer Geschehen. Er erlebte während der beiden ersten Wochen, wie alle Insassen des Infektionsblocks, es waren Kranke, die kaum noch gehen konnten, herausgetrieben wurden, und der SS-Arzt Dr. Entress zusammen mit dem Sanitäter Klehr eine Selektion durchführte. Die für den Tod Bestimmten wurden auf Lastwagen verladen und weggefahren. »Entress konnte diese Aktion unmöglich allein durchführen«, sagte Langbein. »Dabei muss der damalige Standortarzt Dr. Kurt Uhlenbroock mitgewirkt haben. Er lebt heute ungeschoren in Hamburg. Er wurde wegen Mitverantwortung für diese Aktion noch nicht belangt.«

Vom Fenster seiner Schreibstube beim späteren Standortarzt Dr. Wirths aus konnte Langbein Vergasungen im alten Krematorium beobachten. Er war in alle Geheimnisse des Papierkrieges eingeweiht und führte die Geheimkorrespondenz des Standortarztes mit Berlin. Diese Geheimkorrespondenz wurde neben den normalen Berichten geführt. Sie enthielt ohne Beschönigung Angaben über die großen Sonderbehandlungen, wie die Massenvergasungen von der SS genannt wurden.

Anhand der Listen, die der Zeuge zu führen hatte, konnte er genau verfolgen, in welchem Teil des Lagers wie viele Häftlinge ermordet wurden. Besonders gefährlich war es im Krankenbau. Hier erfolgten häufig Selektionen, und hier war eines der Betätigungsfelder von Klehr. Er suchte auf eigene Faust Häftlinge aus, die er später »abspritzte«. »Das Menschenleben galt nichts. Einen Menschen zu töten, war eine Kleinigkeit. Die Machtfülle des einzelnen SS-Mannes war unvorstellbar«, sagte Langbein. Über die SS-Ärzte äußerte er: »Ich habe sie kennen gelernt, auch Dr. Schatz; sie machten den Häftlingen als Ärzte nichts Schlechtes, aber in der Atmosphäre von Auschwitz hatten sie keine Hemmungen, Leute fürs Gas auszusondern.«

Mit verkniffenem Gesicht hörte der ehemalige Gestapobeamte in der Politischen Abteilung, Boger, zu, als Langbein erzählte: »Über ihn hörte man im Lager sehr viel. Er hat mit wahrer Jagdleidenschaft nach Fällen gesucht, die er bearbeiten konnte.« Dieses »Bearbeiten« bestand unter anderem in der Anwendung der »Boger-Schaukel«, eines Folterinstruments, auf dem Häftlinge unvorstellbar misshandelt wurden. Langbein hat nach seiner Schilderung im Bunker ein Opfer der Bogerschen Bearbeitungsmethoden gesehen. Er selbst lernte Boger im Bunker bei Selektionen kennen. Einmal seien sieben Häftlinge aus der Zelle zum Erschießen geholt worden. Boger habe dabei angemerkt: »Sechs sind von mir.« Eine große Selektion im Stammlager habe der angeklagte damalige Rapportführer Kaduk zum Teil selbständig durchgeführt.

Als die sogenannten Ungarntransporte in Auschwitz anrollten, hätten sich die zu Selektionen eingesetzten Ärzte über die »Strapazen« beschwert, berichtete Langbein weiter. Daraufhin sei bei einer SS-Führer-Besprechung festgelegt worden, dass auch die Apotheker und Zahnärzte Selektionsdienst zu machen hätten. Das zielte auf die Angeklagten Dr. Capesius, Dr. Schatz und Dr. Frank.

Über eine Krankenschwester namens Maria Stromberger schaffte Langbein in einer ausgehöhlten Kleiderbürste umfangreiche Angaben mit Sterblichkeitszahlen aus dem Lager. Die Widerstandsorganisation in Auschwitz stand mit Widerstandsgruppen außerhalb des Lagers in Verbindung. Sie bekamen die Namen von SS-Leuten mit genauen Angaben über Geburtsort und Geburtsdatum. Ein illegaler Sender in Krakau funkte die Daten nach London, wo der britische Rundfunk sie verbreitete.

Jedes Mal nach einer solchen Sendung habe man Unruhe unter den SS-Leuten beobachten können, berichtete Langbein. Manche hätten versucht, sich bei den Häftlingen einzuschmeicheln. Im Rausch hätten sie gesagt: »Wir gehen alle drauf, aber ihr geht mit drauf.«

Schwere Vorwürfe erhob Langbein gegen den damaligen Direktor des Zweigwerks der Hermann-Göring-Werke in Jawischowitz, Heine. Dort arbeiteten Häftlinge in einer Kohlengrube. Heine habe immer wieder Selektionen verlangt, um kranke Häftlinge los zu werden, die nicht genug arbeiteten, aber bezahlt werden mussten. Die Aussortierten seien in der Regel ins Gas gekommen. »Es ist bezeichnend für die damalige Situation, dass von Seiten der Firmen, auch von Buna in Monowitz (IG Farben), Druck auf die SS ausgeübt wurde, mehr zu selektieren, als die SS nicht mehr so radikal war.« (Was ist aus diesem Heine geworden? Er ist doch ebenso schuldig, wie die SS-Verbrecher.)

Die Vernehmung dieses Zeugen endete mit einer makabren Szene. Langbein ging durch die Reihen der Angeklagten und sah jedem ins Gesicht. Zu dem Schutzhaftlagerführer Hofmann sagte er: »Wir kennen uns aus dem Bunker.« Und zu Kaduk gewandt: »Sie kenne ich auch.« Worauf dieser zynisch erwiderte: »Ja, ich war sehr bekannt.«

Zum guten – oder soll man sagen bösen? – Schluss »befragte« der Angeklagte Klehr den Zeugen Hermann Langbein, derselbe Klehr, der ohne Rührung zugegeben hat, mehr als 200 Häftlinge mit Phenolinjektionen ermordet zu haben. Gelassen antwortete der ehemalige Häftling und Arztschreiber von Auschwitz auf alle Fragen. Dabei redete er Klehr sarkastisch mit »Herr Oberscharführer« an. Da blickte dieser doch böse drein, während Herr Mulka, der seit seiner Festnahme gealtert erscheint, nachdenklich vor sich hin starrte.

## Die Biedermannstünche blättert ab

*23. April 1964*

Es war eine gespenstische Szene. Da stand auf dem Zeugentisch eine Miniaturnachbildung der »Boger-Schaukel«, jenes nach dem Angeklagten Boger benannten Folterinstruments, mit dem in Auschwitz Geständnisse erpresst wurden. Ein ehemaliger Häftling, der auf der »Boger-Schaukel« unbeschreibliche Qualen erleiden musste, hatte das Modell angefertigt und für seine Aussage mitgebracht. Nun war ein anderer Zeuge, der Schachtmeister Breiden, an der Reihe, der ebenfalls von Boger auf die Schaukel gespannt und misshandelt worden ist. »Erkennen Sie das Folterinstrument wieder«, fragte ihn der Gerichtsvorsitzende, Landgerichtsdirektor Hofmeyer. Da schüttelte ein Weinkrampf den Zeugen. Er drehte sich zu Boger um, der nur wenige Meter entfernt saß, und schleuderte ihm das Wort »Mörder!« ins Gesicht. Doch der Sadist, an dem jeder Appell an das menschliche Gewissen wie an einem Fels abprallt, schlug nicht einmal die Augen nieder, sondern lächelte kaltblütig vor sich hin.

An Bogers Verhalten wird immer wieder deutlich, dass die von Leuten seines Schlages zur Schau getragene Biederkeit nur Tünche ist, und dass es falsch ist, zu glauben, die Schuldigen hätten durch ihre Eingliederung in das bürgerliche Leben bewiesen, dass sie sich innerlich gewandelt haben. Als der Vorsitzende den Angeklagten bei anderer Gelegenheit darauf aufmerksam zu machen versuchte, dass die von ihm angewandten Foltermethoden doch unrechtmäßig gewesen seien, rief dieser höhnisch in den Saal: »Schade, dass die Schaukel nicht mehr aufgestellt ist. Meinetwegen könnte sie den ganzen Prozess über hier stehen.« Darauf erwiderte Hofmeyer: »Wenn es Ihnen nichts ausmacht – aber uns würde es etwas ausmachen.«

Anschließend entwickelte sich eine Art Rededuell zwischen Landgerichtsrat Hummerich und Boger. Hummerich, der als Ersatzrichter fungiert, versuchte Boger an dessen Berufsehre als ausgebildeter Kriminalist zu packen. Als solcher müsste er doch wissen, dass verschärfte Vernehmungen den Vernehmungszweck, nämlich einen Sachverhalt genau zu erforschen, gar nicht erreichten, da die gequälten Menschen zu jeder Aussage bereit seien, um die Qualen abzukürzen. Das brachte Boger so in Erregung, dass er unzusammenhängendes Zeug redete und schließlich hervorstieß: »Ich bin da ganz anderer Auffassung. Ich bin der Auffassung, dass in manchen Fällen noch heute die Prügelstrafe angebracht wäre, zum Beispiel im heutigen Jugendstrafrecht.«

Bogers Äußerungen lösten Unruhe auf der Zuhörertribüne aus. Empörte Rufe wurden laut. Da drehte sich Boger zu den Zuhörern um und schrie: »Sie mögen da oben lachen. Sie waren ja nicht dabei.« Solche und ähnliche Zwischenfälle ereignen sich immer wieder, wenn die Gepeinigten von einst ihren Peinigern gegenüber stehen. Seit meinem letzten Bericht hörte das Gericht die Aussagen von rund 20 Zeugen. Die Reihe der Gutachter wurde durch Professor Jürgen Kuczynski aus Ostberlin ergänzt, der über die Mitverantwortung der Industrie für die Qualen der Auschwitzhäftlinge referierte.

Unter den Zeugen befand sich eine Reihe ehemaliger SS-Führer, darunter auch der frühere SS-Richter Dr. Konrad Morgen, der jetzt als Rechtsanwalt in Frankfurt am Main tätig ist. Er war von den Spitzen der SS mit der Untersuchung von »Unregelmäßigkeiten« in den Konzentrationslagern beauftragt worden. Natürlich betrachteten die »Herrenmenschen« nicht die Ermordung Unschuldiger als »Unregelmäßigkeit«, so wenig wie sie im Raub jüdischen Vermögens eine »Unregelmäßigkeit« sahen, wenn das Raubgut an die richtige Adresse gelangte. Einigen Auschwitzer SS-Dienstgraden wollte nicht einleuchten, dass alles nach Berlin abgeführt werden sollte, und sie raubten deshalb auf »eigene Rechnung«.

Ein kleines Feldpostpäckchen, das ein Angehöriger des Vergasungskommandos in Birkenau an seine Frau in der Heimat geschickt hatte, führte zum »Eingreifen« Dr. Morgens. Das Päckchen war durch sein abnormes Gewicht aufgefallen und wurde geöffnet. Es enthielt mehrere Klumpen primitiv eingeschmolzenen Zahngoldes, das vergasten Menschen ausgebrochen worden war. Der frühere SS-Richter erzählte vor Gericht, dass es sich um mehrere Kilo gehandelt habe, die den Gegenwert von wahrscheinlich 100.000 Leichen dargestellt hätten. Dieser Gedanke habe ihn erschüttert, gab Dr. Morgen zu Protokoll, aber »unfassbar« war für ihn nur – es ist psychologisch hoch interessant, dies 20 Jahre später zu hören –, »dass die Täter unbewacht solche Mengen Goldes beiseite schaffen konnten«.

Dr. Morgen wartete mit einer detaillierten Schilderung der Todesfabrik auf. Er folgte in Auschwitz – wie er sagte – der Spur der Todesfrachten von der Eisenbahnrampe zu den Entkleidungsräumen vor den Gaskammern; er besichtigte die Gaskammern und das Krematorium, das er als »riesigen Saal« beschrieb. »Alles atmete sachliche, neutrale, wertfreie Atmosphäre, alles war spiegelblank.«

An dieser Stelle trat zum wiederholten Male ein besonderes Phänomen zutage: Der SS-Richter hat bei der Besichtigung der Todesstationen offenbar keinerlei innere Regung empfunden. »Ein wirklichen Schock«, so erzählte er vor Gericht, erlitt er nach seiner Erinnerung beim Betreten der Wachstube des Vergasungskommandos. Was schockierte ihn? Er vermisste die »spartanische Einrichtung«, die ein Merkmal aller Wachstuben sei, statt dessen habe er einen schummrigen, halbdunklen Raum mit mehreren Sofas vorgefunden, auf denen SS-Leute, Alkoholfahnen vor dem Mund, mit glasigen Augen vor sich hin dösten, während Mädchen ihnen auf einem großen Herd inmitten der Wachstube Kartoffelpuffer backten.

Dr. Morgen schaffte »Ordnung«. Er nahm den SS-Leuten das Gold und die Wertgegenstände ab, die sie in ihren Spinden gelagert hatten. Gegen das Morden selbst unternahm er nichts; denn das gehörte schließlich zu dieser »Ordnung«. Zum damaligen Verhalten der Angeklagten erbrachten die Darlegungen des ehemaligen SS-Richters nichts Konkretes. Als »Selbstporträt« verdienen sie einiges Interesse; der einstige »SS-Tugendwächter« ist schließlich als Rechtsanwalt tätig.

Einen gewissen Höhepunkt im Prozessgeschehen brachte die Verlesung früherer Aussagen des Angeklagten Oswald Kaduk. Er gehört zu den am schwersten belasteten Auschwitzer SS-Leuten. Seine Spezialität waren individuelle Morde. Bekanntlich hat Kaduk es abgelehnt, in der Hauptverhandlung zu den Vorwürfen Stellung zu nehmen. »Ich verweigere dazu die Aussage«, war seine stereotype Antwort. Das Gericht unterlief diese Schweigetaktik durch den Beschluss, Aussagen Kaduks aus der Voruntersuchung zu verlesen. Was der ehemalige Rapportführer vor zweieinhalb Jahren freiwillig zu Protokoll gab, wirft ein bezeichnendes Licht auf die Mentalität dieses hart gesottenen Sadisten – das heißt, hart gesotten war Kaduk nur anderen gegenüber; wenn es um ihn selbst geht, zeigt er sich sehr zart besaitet. Hören wir, in welcher Sprache dieser »Herrenmensch«, dessen Leistungen in der Schule nach eigener Auskunft »mittlerer Art« waren, seine Auschwitzer Eindrücke schildert:

»Die Transporte kamen an wie warme Brötchen«, erzählte er während der Voruntersuchung. An Selektionen habe er zwar teilgenommen, aber nur auf Befehl. »Ich habe niemanden mit Bewusstsein getötet, sondern nur geschlagen. Anlass war das Verhalten der Häftlinge.« Kaduk räumte ein, sich öfter betrunken zu haben. »Der KZ-Betrieb kostete Nerven, ich war aber ein solcher männlicher Typ, dass ich nicht zusammengebrochen bin.« Er erinnert sich auch an den ehemaligen Auschwitzhäftling und jetzigen polnischen Ministerpräsidenten Józef Cyrankiewicz, der im Schweinestall und später als Schreiber im Wirtschaftshof tätig gewesen sei. »Ich habe ihn geschlagen. Er stand da, zeigte aber keine Wirkung. Ich wusste, dass er Kommunist ist. Die Kommunisten hasse ich besonders. Wenn ich damals Gelegenheit gehabt hätte, hätte ich Cyrankiewicz um die Ecke gebracht.«

Kaduk, der nur ein kleines Glied in der Vernichtungsmaschinerie gewesen sein will, ist nicht zu dumm, die Tätigkeit aktiver Förderer des Naziregimes an verantwortlichen Stellen der Bundesrepublik Deutschland zu seinen Gunsten ins Feld zu führen.»Ich verstehe nicht«, klagte er, »warum ich so hergenommen werde, während die wirklich Schuldigen frei sind. Wenn ich zum Beispiel nur an Staatssekretär Globke denke. Ich habe deswegen schon einen Nervenzusammenbruch erlitten. Warum wird mit zweierlei Maß gemessen? Oberländer bekam drüben im Osten lebenslänglich. Hier läuft er frei herum. Es ist traurig, dass die tatsächlich Schuldigen nicht zur Verantwortung gezogen werden.«[3]

Kaduk belastete den Mitangeklagten Mulka. Er sei Leiter der Fahrbereitschaft gewesen, die die Lastkraftwagen für die Vergasungstransporte einsetzte. Er habe Mulka auch bei Selektionen auf der Rampe gesehen. Über sich selbst sagte Kaduk:»Ich gebe zu, dass ich ein scharfer Hund war. Ich habe die Häftlinge sehr kurz gehalten. Bei mir sind sie marschiert wie die SA.«[4]

Mitunter hat es den Anschein, als könne Kaduk sich auch nach Jahren den alten Ton gegenüber ehemaligen Häftlingen, die jetzt als Zeugen auftreten, nicht abgewöhnen. Während der Aussagen des Zeugen Kronauer, der Kaduk beschuldigte, an Exekutionen teilgenommen und ihn misshandelt zu haben, bekam der ehemalige Rapportführer fast einen Tobsuchtsanfall. Im rüdesten Kasernenhofton brüllte er den Zeugen an, er möge gefälligst bei der Wahrheit bleiben. Kronauer bekräftigte jedoch seine Aussage.

---

3   Dr. Hans Globke, bis zu seiner Pensionierung 1963 Staatssekretär im Bundeskanzleramt unter Konrad Adenauer, war Mitverfasser des gängigen NS-Kommentars zu den Rassegesetzen der Nazis gewesen, Dr. Theodor Oberländer musste als Bundesvertriebenenminister 1963 zurücktreten, nachdem er mit NS-Verbrechen während des Krieges in Zusammenhang gebracht worden war.

4   SA, Abkürzung für Sturm-Abteilung, ein paramilitärischer Verband der NSDAP.

Dass Auschwitz eine Welt war, in der alle Regeln menschlichen Zusammenlebens außer Kraft gesetzt wurden und selbst die kindliche Phantasie sich in schaurigen Bahnen bewegte, verdeutlichte – ganz nebenbei – der holländische Marineoberst Anton van Velsen. Er berichtete als Zeuge, die Kinder hätten in Auschwitz »Vergasung« gespielt. Statt der bei Kinderspielen üblichen Auszählreime hätten sie gesagt: »Du gehst durch den Kamin.« Van Velsen warf dem Angeklagten Hofmann vor, nichts dagegen unternommen zu haben, dass während seiner Tätigkeit als Schutzhaftlagerführer etwa 25.000 bis 30.000 Menschen elend umkamen.

Einen sehr schlechten Eindruck hinterließ als Zeuge der ehemalige SS-Hauptsturmführer Helmut Bartsch. Er gehörte einer Kommission an, die – ähnlich der Aufgabe Dr. Morgens – »Unregelmäßigkeiten« in Auschwitz untersuchen sollte. Er konnte keine Antwort auf die Frage geben, weshalb er die Schuldigen an den Massenmorden nicht ermittelte. Bartsch geriet dadurch in erhebliches Zwielicht, und keiner im Saal rechnete damit, dass ihn das Gericht vereidigen würde. Sein Auftreten veranlasste den Hessischen Rundfunk zu der Frage, wie lange Bartsch wohl noch in seinem Amt bleiben solle – er ist nämlich als Kriminalhauptkommissar bei der Polizei in Krefeld tätig.

Durch den Auschwitz-Prozess wurde der Name eines Mannes bekannt, der gleichfalls in Gewaltmaßnahmen der Naziführung verwickelt war, aber unbeschadet dessen ein öffentliches Amt bekleidet. Es handelt sich um den ehemaligen SS-Untersturmführer Fritz Wilhelm Fiedler, der nach Aussagen des Zeugen Paul Scheidel in der »Mordabteilung« II G H der Gestapo in Prag tätig gewesen ist und der ihm »andere Luft« – also die Verschickung nach Auschwitz – verordnete. Fiedler ist heute als Regierungsassessor beim Senat der Hansestadt Hamburg tätig.

Neben den Angeklagten Boger, Kaduk und Hofmann wurden die Angeklagten Neubert, Bednarek, Schlage, Klehr und Breitwieser belastet. Erschütternd waren die Aussagen der Zeugen Curt Posener und Walter Petzold. Sie berichteten übereinstimmend, dass der Häftling Walter Windmüller unbeschreiblich misshandelt worden ist. Als Windmüller von der Vernehmung kam, sei ihm das Blut aus der Hose gelaufen. Posener warf dem Angeklagten Neubert vor, im Nebenlager

Monowitz, wo Häftlinge als »Sklaven des IG-Farben-Konzerns« im
Bunawerk eingesetzt gewesen seien, selbständig, ohne Anwesenheit
von SS-Ärzten, Selektionen durchgeführt und die Ausgesonderten zur
Vergasung bestimmt zu haben. Neubert schob die Schuld auf die IG
Farben; denn es habe sich um eine »Vorwahl auf Befehl der IG-Werke«
gehandelt. Als der Gerichtsvorsitzende einwandte, die IG Farben hätten
doch nicht befehlen können, wer vergast werde, erklärte der Zeuge Posener, die IG-Werke hätten gegenüber der SS darauf bestanden, »dass
nur Gesunde zur Arbeit kommen.«

   Seit dem 3. April 1964 tagt das Gericht nicht mehr im Frankfurter
Römer, sondern im neu errichteten Bürgerhaus an der Galluswarte in
Frankfurt. Hier sitzen die Angeklagten nicht auf Polstersesseln, sondern
auf harten Bänken.

## Die Kinder von Auschwitz klagen an

*31. Mai 1964*

Die Zuhörer saßen wie gelähmt und blickten mit schreckgeweiteten
Augen auf die Frau im Zeugenstuhl. Soeben hatte sie noch mit be-
herrschter Stimme die Folterung von Häftlingen auf der berüchtigten
»Bogerschaukel« geschildert, nun fehlten ihr plötzlich die Worte. Sto-
ckend berichtete sie, wie eines Tages auf einem Lastkraftwagen 50 Kinder im Alter von etwa fünf bis zehn Jahren ins Lager gebracht wurden.
»Ich erinnere mich an ein vierjähriges Mädchen ...«

   Da bricht ihre Stimme ab, die Schultern beginnen zu zucken, die
in Österreich gebürtige Zeugin Jenny Schaner bricht in verzweifeltes
Weinen aus. Sie ist unfähig, noch ein Wort zu sagen. Lähmendes Entsetzen breitet sich aus. Niemand, der diese Szene miterlebt hat, wird
die schrecklichen Minuten vergessen.

   Noch weiß keiner, was die Zeugin so aufwühlt, aber jeder ahnt,
dass es etwas Furchtbares sein muss. Dann gewinnt Jenny Schaner die
Fassung wieder. Das kleine Mädchen habe einen Jungen an der Hand
geführt und sei mit fragend erhobenem Kopf auf einen in der Nähe
stehenden SS-Mann zugegangen. Ganz sicher habe es eine kindliche

Frage auf den Lippen gehabt, vielleicht wollte es fragen: »Wo sind unsere Eltern geblieben?« Statt einer Antwort holte der SS-Mann nach der
Schilderung der Zeugin mit seinem schweren Stiefel aus und versetzte
dem Kind einen Fußtritt, dass es vier Meter weg flog und weinend
liegen blieb. Alle Kinder des Transports begannen zu weinen. Doch in
den Gesichtern der SS-Leute zeigte sich keine Rührung. Sie trieben die
unschuldigen Wesen zusammen und brachten sie weg. Keiner habe sie
jemals wieder gesehen.

Es ist eigenartig, menschlich aber zutiefst verständlich, dass Zeu-
genberichte über das Los eines einzelnen Kindes mehr erschüttern, als
Schilderungen über die Ermordung von zehntausend oder hunderttau-
send Erwachsenen. So unvorstellbar das Leid ist, das sich hinter solchen
Zahlen verbirgt, so wenig können die Lebenden mit diesen Zahlen heute
anfangen. Dieses Grauen ist unfassbar im wahrsten Sinne des Wortes.
Das Schicksal eines einzelnen Menschen, besonders das eines Kindes,
dagegen greift an die Seele, jeder denkt sich: Das könnte ja mein Kind
sein, wie entsetzlich, sich vorzustellen, dass ihm das widerführe. Deshalb
sind die jüngsten Opfer von Auschwitz, die Kinder, heute die unerbitt-
lichsten Ankläger. Im Los jedes einzelnen von ihnen spiegelt sich das
gnadenlose Ende von Millionen wider.

Siebzehn Zeugen sind seit meinem letzten Bericht vor dem Frankfurter Schwurgericht gehört worden, und jede Aussage ließ das Grauen
von damals wieder erstehen. Bis auf wenige Ausnahmen wurden alle
Angeklagten schwer belastet. Nennen wir ihre Namen. Am häufigsten
wird der ehemalige Gestapomann Wilhelm Boger aus der Politischen
Abteilung genannt, dann folgen Kaduk, Klehr, Scherpe, Hantl, Baretzki,
Capesius, Hofmann, Lucas, Mulka, Dylewski, Broad, Schlage, Bednarek, Schoberth und Stark.

Die Zahl der Angeklagten hat sich von 22 auf 21 verringert, seit das
Verfahren gegen den Angeklagten Bischoff wegen dessen Erkrankung
abgetrennt werden musste. Zehn von ihnen sind noch immer auf freiem
Fuß, darunter allerdings seit kurzem nicht mehr der Angeklagte Bruno
Schlage, der immer mit dem Abzeichen der Ostpreußischen Lands-
mannschaft auf dem Rockaufschlag zur Verhandlung kam. Er wurde,
wie vor ihm der Adjutant des Lagerkommandanten Mulka, am Schluss

eines Verhandlungstages in Untersuchungshaft genommen, nachdem
sich der Verdacht gegen ihn verstärkt hatte, dass er Häftlinge im Todesblock 11 vorsätzlich verhungern ließ.

Wie bereits erwähnt tagt das Gericht seit Ostern im Frankfurter
Bürgergemeinschaftshaus »Gallus«. Es liegt in der Nähe jener Stelle,
an der im Mittelalter ein Galgen stand. In dem großen Saal ist Platz
für 143 Zuhörer und 124 Pressevertreter. Der Andrang hat nicht nach-
gelassen. Nach wie vor sind alle Plätze besetzt. Mitunter müssen die
Journalisten auf der großen Empore zusammenrücken, um Zuhörern
Platz zu machen.

Erfreulich ist, dass immer wieder ganze Schulklassen mit ihren Leh-
rern die Verhandlungen besuchen. Sie bekommen hier Anschauungs-
unterricht in jüngerer Geschichte, wie er nirgendwo sonst erteilt werden
könnte. Einen Tag lang folgte eine starke Abordnung des Stuttgarter
Stadtjugendringes der Hauptverhandlung. Die jungen Menschen fanden sich anschließend in einer benachbarten Gaststätte ein, wo ihnen
Prozessbeobachter und Zeugen viele Fragen beantworteten. Dieses Interesse der Jugend ist ein erfreuliches, hoffnungsvolles Zeichen.

Weniger erfreulich ist die immer deutlicher werdende Taktik der
Verteidiger, die Überlebenden der Todesfabrik als unglaubwürdig hin-
zustellen. Das Recht der Verteidiger, ihre Mandanten »herauszuhauen«,
wird im Auschwitz-Prozess auf eine Weise strapaziert, die nur mit größ-
tem Befremden, ja mit Empörung, zur Kenntnis genommen werden
kann. Viele Fragen der Verteidiger an die Zeugen wirken verletzend
und provozierend. Da wird, um die überlebenden Opfer zu verwirren,
nach Nebensächlichkeiten gefragt, die mit der Sache nicht das Geringste
zu tun haben. Ein polnischer Arzt sollte zum Beispiel darüber Auskunft
geben, in welchem Monat er sein Examen abgelegt hat. Mitunter werden Fragen in hochmütigem, beleidigendem Ton gestellt, so, als handle
es sich bei den Zeugen um Beschuldigte.

Besonders abstoßend sind Versuche, ausländische Zeugen einzu-
schüchtern und sie als Vollstrecker einer Art Verschwörung ehemaliger
Auschwitzhäftlinge erscheinen zu lassen. Man unterstellt ihnen, Aussagen untereinander abgesprochen zu haben, und glaubt allein aus der
Existenz des Internationalen Auschwitz Komitees den Verdacht eines

Komplotts ableiten zu können. Wegen dieser Taktik kommt es häufig zu schweren Zusammenstößen, in deren Verlauf dem »Starverteidiger« Laternser schon wiederholt durch den Vorsitzenden das Wort entzogen worden ist. Staatsanwaltschaft und die Nebenklagevertreter verwahren sich immer wieder gegen diese Art der Zeugenbefragung und verweisen besonders aggressive Anwälte in ihre Schranken. Sie haben dabei die Sympathie der Zuhörer. Als der Ostberliner Vertreter einiger jüdischer Nebenkläger, Friedrich Karl Kaul, den Verteidigern nationale Würdelosigkeit vorwarf und gegen ihr Verhalten protestiere, bekam er demonstrativen Beifall aus dem dicht gefüllten Zuhörerraum.

Besteht bei den Anwälten der Angeklagten wirklich Unklarheit darüber, wie ihr Verhalten auf die Überlebenden von Auschwitz und die Öffentlichkeit, namentlich im Ausland, wirkt? Wenn Laternser – mit negativen Resultat übrigens – polnische Zeugen fragt, ob sie Kommunisten seien, wiegt er sich vermutlich in der Hoffnung, den Nachweis einer kommunistischen »Steuerung« zu erbringen, um so die Zeugen unglaubwürdig erscheinen zu lassen. Bei ehemaligen politischen Häftlingen wecken solche Fragen nach ihrem Bekunden ungute Erinnerungen, denn auch die SS und die Gestapo legten ihnen diese Frage vor, um sie anschließend entsprechend behandeln zu lassen.

Welchen Eindruck die Zeugen bekommen, wenn Verteidiger aus dem Gespräch mit einem Leidensgenossen eine »Beeinflussung« konstruieren, machte der polnische Zeuge Boratynski deutlich. Er sagte, dies alles erinnere ihn an Auschwitz. Wenn dort zwei Häftlinge zusammen gestanden hätten, habe die SS auch gleich eine Verschwörung gewittert.

Wenden wir uns nun jenen Aussagen zu, die sich mit dem Verhalten der Angeklagten in Auschwitz befassten. Maximilian Sternol, der als Schreiber eingesetzt war, sagte über Boger: »Boger war der Satan des Lagers. Er fuhr immer mit dem Fahrrad umher und war unter den Häftlingen bekannt als der ›fahrende Tod‹.« Der Zeuge beschuldigte den ehemaligen Gestapobeamten, bei der Niederschlagung des Aufstandes im Krematorium zahlreiche Häftlinge eigenhändig ermordet zu haben. Sie hätten sich mit dem Gesicht zur Erde auf den Boden legen müssen, und Boger habe sie in dieser Stellung erschossen. An der Liquidierung des tschechischen Familienlagers sei Boger ebenfalls beteiligt gewesen.

Der Angeklagte Broad habe bei der Liquidierung des Zigeunerlagers mitgewirkt. Der Angeklagte Baretzki wurde von Sternol beschuldigt, einen Häftling durch einen Spezialschlag mit der flachen Hand erschlagen zu haben. Der Wiener Kriminalinspektor Rudolf Steiner sah die Angeklagten Hofmann und Kaduk bei Selektionen. Kaduk sei oft betrunken gewesen. Man habe ihn mit der Schnapsflasche in der einen Hand und mit dem Knüppel in der anderen am Werk gesehen. Steiner berichtete, dass ein Transport mit 150 bis 200 tschechischen Kindern unmittelbar nach dem Eintreffen vergast worden sei, ebenso 30 schwangere Frauen. Boger warf er vor, im Todesbunker Häftlinge zu Tode misshandelt zu haben.

Während der Aussage des Zeugen Ludwig Wörl aus München bekam Kaduk fast einen Tobsuchtsanfall. Nachdem Wörl ausgesagt hatte, Kaduk habe eigenhändig zwölf Kinder zwischen drei und fünf Jahren in die Gaskammer getrieben, sprang dieser von seinem Platz auf und schrie auf den Zeugen ein. Ermahnungen des Vorsitzenden fruchteten nichts. Es schien, als wolle Kaduk sich auf den Wörl stürzen. Der entgegnete gelassen: »Kaduk, Sie stehen mir heute nicht mehr mit der Pistole gegenüber.« Wörl berichtete, ein Vertrauter des Angeklagten Capesius habe ihn aufgesucht und ihm 50.000 Mark für den Fall zugesagt, dass er günstig für Capesius aussage. Die ehemaligen Sanitätsdienstgrade Klehr, Hantl und Neubert beschuldigte der Zeuge, zahlreiche Häftlinge »abgespritzt«, also mit Phenolinjektionen ins Herz getötet zu haben.

Die Zeugin Vera Alexander aus Israel belastete den Angeklagten Capesius. Er habe eine Frau, die soeben ein Kind geboren hatte, in die Gaskammer geschickt. Ebenso wie Ludwig Wörl belastete auch der polnische Zeuge Barcz die Angeklagten Klehr, Scherpe und Hantl. Sie hätten Häftlinge durch giftige Injektionen getötet.

Erschütternd war die Aussage des polnischen Zeugen Boratynski. Er war im Todesblock unter die zu Erschießenden eingereiht worden und trug bereits auf der nackten Haut die üblich, mit Tintenstift geschriebene Nummer, an Hand derer die Ermordeten später in den Listen »abgesetzt« wurden. Wie durch ein Wunder kam er mit dem Leben davon; denn bei der Zählung der Todeskandidaten war einer zu viel. Boratynski musste später die Leichen seiner ermordeten Kameraden beiseite tragen. Er sah, dass Boger die Opfer aus kurzer Entfernung mit einem Schuss in den Hinterkopf niederstreckte. Während die Unglücklichen an die Schwarze Wand geführt worden seien, habe Bogen ihnen »Kopf hoch!« zugerufen. Die höhnische Aufforderung sollte bewirken, dass die Opfer ihre Köpfe hoben, damit Boger besser seine Schüsse anbringen konnte. Auch Kaduk habe bei solchen Erschießungen mitgewirkt. Die polnischen Zeugen Lawrynowicz und Olszówka sagten aus, Boger und Kaduk hätten eigenmächtig solche Erschießungen vorgenommen.

Der frühere polnische Berufsoffizier Josef Piwko sah in Auschwitz mit eigenen Augen, wie Boger bei der Räumung des Zigeunerlagers kleine Kinder, die sich versteckt hatten und später von Gehilfen zu dem Gestapobeamten geschleppt worden waren, an den Füßen packte und mit dem Kopf an eine Barackenwand schmetterte. Mit den Stiefeln habe Boger dann noch nach den leblosen Körperchen getreten. »Mir wurde schlecht und ich lief weg«, berichtete Piwko, der diesen unvorstellbar grausamen Mord aus kurzer Entfernung aus einem Versteck heraus beobachtet hatte. Als ihn der Vorsitzende darauf aufmerksam machte, dass diese Aussage für Boger unter Umständen schwere Folgen haben könne, bekräftigte der ehemalige Offizier seine Schilderung mit den Worten: »Wo Schuld, muss auch Strafe sein. Ich widerrufe meine Aussage nicht.«

Der tschechische Zeuge Erich Kulka schilderte eingehend die Liquidierung der nach Auschwitz verschleppten Insassen des Familienlagers Theresienstadt in Nordböhmen. Sie seien mit allen möglichen Tricks in die Gaskammern gelockt worden. Auf ihrem letzten Weg hätten die Opfer hebräische Lieder und die tschechische Nationalhymne gesungen, deren Text mit den Worten beginnt: »Wo ist mein Heim, mein Vaterland...«. Von den 5.007 Menschen des ersten Theresienstädter Transports lebten heute nur noch sieben. Kulka warf den Angeklagten Boger, Baretzki und Broad vor, bei Selektionen auf der Rampe Opfer für Gaskammern ausgesondert zu haben.

Der Zeuge Wysoczinski, der nach seinen Worten in Auschwitz von Boger brutal zusammengeschlagen worden ist, schilderte den Todesmarsch vom Januar 1945. Auf diesem Marsch hätten SS-Leute die entkräfteten Häftlinge zu Tausenden »wie Hunde erschossen«. (Die Naziführung räumte damals das Lager angesichts der näher rückenden sowjetischen Truppen.) Vier Tage nach ihrer Hochzeit, so die Zeugin Lilly Majerczyk aus Belgien, sei sie mit ihrem Mann nach Auschwitz verschleppt worden. Wegen ihrer Sprachkenntnisse wurde sie in der Schreibstube der Politischen Abteilung eingesetzt und konnte Boger aus nächster Nähe bei seinem blutigen Handwerk beobachten. »Boger machte sich ein Vergnügen daraus, Häftlinge auf die Schaukel zu spannen und mörderisch zu schlagen. Das waren dann nur noch Fetzen.« Boger sei Herr über Leben und Tod gewesen und habe Tausende auf dem Gewissen. Frau Majerczyk bestätigte die Aussagen der Wiener Ärztin Dr. Lingens, dass in Auschwitz kleine Kinder lebend ins Feuer geworfen wurden, als die Kapazität der Gaskammern und Krematorien nicht mehr ausgereicht habe.

Der Zeuge Beranowsky bestätigte die Beteiligung Bogers an der Ermordung jener Häftlinge, die als Angehörige des Krematoriums-Sonderkommandos einen verzweifelten Aufstandsversuch gewagt hatten. Beranowsky war Todeskandidat im Block 11. Er kam mit dem Leben davon, weil Boger nach einer emaillierten Badewanne suchte und der Häftling eine zu organisieren versprach. Solche Dinge sind nur zu verstehen, wenn man weiß, wie korrupt die Verbrecher waren.

Andererseits brachte Boger einen Häftling kaltblütig um, weil dieser eine Karteikarte nicht schnell genug fand. Einen anderen Häftling ermordete Boger, weil er nicht »zackig« genug gegrüßt hatte. Dies berichtete der Zeuge Dr. Thadeuz Paczula, der in Auschwitz das Totenbuch führen musste. Innerhalb von zwei Jahren musste er nach seiner Schilderung nicht weniger als 130.000 Namen männlicher Häftlinge in das Totenbuch eintragen. Nicht registriert wurden jene Unglücklichen, die zu Hunderttausenden von der Rampe weg als Namenlose sofort ins Gas geschickt wurden. Paczula, der heute als Chirurg tätig ist, machte auch detaillierte Angaben über Erschießungen an der Schwarzen Wand. Am 28. Oktober 1941 seien 280 Menschen erschossen worden, darunter dreißig, die seinen Vornamen gehabt hätten. »Ich weiß das deshalb so genau, weil es an meinem Namenstag geschah.«

Obwohl in den vergangenen Monaten bereits wiederholt schier unbegreifliche Dinge zur Sprache gekommen sind, scheint dem Grauen keine Grenze gesetzt zu sein. Die jetzt in Mexiko lebende Zeugin Dunja Wasserstrom schilderte, sie habe vom Fenster der Schreibstube der Politischen Abteilung aus die Ankunft eines Kindertransportes beobachtet. Als der Wagen hielt, sei ein kleiner Junge herunter gesprungen, der einen Apfel in der Hand gehalten habe. Boger habe sich auf das Kind gestürzt, es an den Füßen gepackt und mit dem Kopf an die nächste Wand geschleudert. Der Apfel sei über den Boden gerollt und Boger habe ihn aufgehoben. Später, so berichtete die Zeugin, die als Schreibkraft eingesetzt war, habe sie für Boger etwas schreiben müssen. Boger habe sich lässig auf die Schreibtischkante gesetzt und aus der Tasche jenen Apfel hervorgeholt, den er kurz vorher aufgehoben hatte. Mit sichtlichem Vergnügen habe er ihn verspeist. Bezeichnend für den Sadismus dieses Unmenschen ist, dass er Frau Wasserstrom aufgefordert hat, bei der Misshandlung von Häftlingen auf der Boger-Schaukel zuzusehen.

Schwer belastet wurden die Angeklagten Kaduk, Mulka, Boger, Broad, Dylewski und Schlage von dem polnischen Zeugen Dr. Czeslaw Glowacki, ehemals Leichenträger in Auschwitz. Er musste viele seiner Freunde, die an der Schwarzen Wand erschossen wurden, ins Krematorium schaffen. Der Zeuge sah, wie die Mörder schossen. Auch Klehr, Hantl und Scherpe wurden von Glowacki belastet. Dem Kapo Bednarek warf der Zeuge vor, Häftlinge im Winter mit eiskaltem Wasser übergossen und so lange herum gejagt zu habe, bis sie erschöpft zusammenbrachen. Niemand habe den Unglücklichen helfen dürfen. Sie mussten draußen erfrieren.

Besonderes Interesse fand ein Bericht, den der heutige Angeklagte Broad unmittelbar nach Kriegsende für einen britischen Vernehmungsoffizier verfasst hat. Gegen den Widerspruch des Angeklagten beschloss das Gericht, diesen Bericht in der Hauptverhandlung zu verlesen. Broad, der sich damals offensichtlich in Sicherheit wiegte, schildert darin ungeschminkt die Verbrechen, die in Auschwitz begangen wurden. Er nennt seine einstigen SS-Kameraden Massenschlächter, Sadisten und Henkersknechte. Wenn die Mordgesellen an der Schwarzen Wand auf das nächste Opfer warten mussten, hätten sie gelacht und gescherzt, und so mancher »pfiff ein Lied, um zu zeigen, dass er hart ist«.

Über die SS-Ärzte berichtete Broad dem britischen Offizier, sie hätten sich auf die Leichen soeben Erschossener gestürzt, um Stücke noch warmen Fleisches für ihre experimentellen Untersuchungen heraus zu schneiden. Die Schilderung des Grauens war so perfekt, dass ein Zuhörer fast zusammenbrach, weil ihm übel geworden war. Er musste aus dem Saal geführt werden. Die Angeklagten blickten unterdessen gelangweilt vor sich hin. Dann und wann zuckte ein mokantes Lächeln um diesen oder jenen Mund, der einst Befehle über Leben und Tod gab.

## Die »Moral« der Mörder von Auschwitz

*25. Juni 1964*

Von der Pressetribüne aus kann man die Angeklagten gut beobachten. Sie sitzen an der linken Längswand des Verhandlungssaales. Ihre Plätze bilden, zusammen mit denen der Verteidiger und der Polizeibeamten, einen großen Block. In der ersten Reihe sitzen Verteidiger, in der nächsten jene Angeklagten, die sich noch in Freiheit befinden. Die dritte Reihe steht wieder Verteidigern zur Verfügung, die vierte ist für die Angeklagten bestimmt, die in Haft sind. Die fünfte und letzte Reihe wird von uniformierten Polizisten gebildet.

Bei einem Blick auf die erste Reihe der Angeklagten fällt auf, dass sie sich gelichtet hat, während die zweite Reihe der Beschuldigten jetzt bis auf den letzten Platz besetzt ist. Der Angeklagte Hans Stark, der in Auschwitz der Politischen Abteilung, also der Lagergestapo angehörte, sitzt nicht mehr in der zweiten Reihe, sondern in der vierten, und zwar zwischen dem schwer belasteten Wilhelm Boger, den sie in Auschwitz den »schwarzen Tod« nannten, und dem Verwalter der Lagerapotheke, Dr. Capesius. Stark wurde am 18. Mai inhaftiert, nachdem die Anklage gegen ihn von Beihilfe zum Mord auf Mord erweitert worden war.

Zeugen hatten Stark erheblich belastet. Die Festnahme erfolgte im Gerichtssaal. Damit wurden seit Beginn des Prozesses drei Angeklagte in Untersuchungshaft genommen. Als erste der Angeklagte Robert Mulka, einst Adjutant des berüchtigten Lagerkommandanten Höß, dann der

Arrestverwalter aus dem Todesblock 11, Bruno Schlage, und nun Hans Stark. Insgesamt sind jetzt zwölf der 21 Angeklagten in Haft, neun sind noch frei.

Wenden wir uns den Zeugenaussagen zu. Seit meinem letzten Bericht kamen 14 ehemalige Häftlinge und zwei frühere SS-Leute zu Wort. Der polnische Zeuge Leon Czekalski berichtete, dass Stark 1943 ein zehn- bis zwölfjähriges jüdisches Kind mit einer Pistole tötete. Die Kugel sei in den Hinterkopf gedrungen. Das Kind hatte nach der Schilderung des Zeugen versucht, von der Rampe weg zu laufen, als der soeben angekommene Transport selektiert worden sei. Von dem Angeklagten Dylewski sagte der Zeuge, er habe einen Häftling zu Tode misshandelt. Ein besonders brutales Verbrechen legte Czekalski dem Angeklagten Bednarek – er war als Häftling Blockältester in der Strafkompanie – zur Last. Nachdem er einen Häftling niedergeschlagen hatte, so der Zeuge, habe ihm Bednarek einen Stock über den Hals gelegt, auf dessen Ende er sich mit beiden Beinen stellte. So habe er das Opfer erwürgt. Jedesmal nach einem Mord sei Bednarek in sein Zimmer gegangen und habe gebetet.

Der Zeuge Karol Doering aus Warschau beschuldigte Kaduk, drei Häftlinge erschossen zu haben. Dem Angeklagten Baretzki warf er vor, vier bis sechs Häftlinge im Löschteich ertränkt zu haben. Dieser Sachverhalt war bisher unbekannt. Es wurde deshalb eine Nachtragsklage gegen Baretzki erhoben.

Der ehemalige Häftlingsschreiber im Todesblock 11, Ing. Jan Pilecki, der jetzt bei der polnischen Handelsmission in Tokio tätig ist, bezeichnete den Angeklagten Bruno Schlage als brutalsten Aufseher von Auschwitz. Er soll in Block 11 eine schwangere Frau erschossen haben. Pilecki berichtete, dass in diesem Block regelmäßig ein Standgericht tagte. Die Todesurteile seien vorher ausgefertigt und vom schlesischen Gauleiter unterschrieben worden. Lediglich der Name des zu ermordenden Häftlings sei noch eingesetzt worden. Der Zeuge beschuldigte Kaduk, eigenmächtig Selektionen vorgenommen zu haben.

Der polnische Baumeister Josef Kral belastete Wilhelm Boger. Der Zeuge war lange Zeit im sogenannten Stehbunker des Blocks 11. Dort erlebte er, wie in den Nebenzellen Häftlinge verhungerten. »Der Hungertod ist kein einfacher Tod«, sagte er. Nach dem siebenten Tag beginne der Durst; er dauere bis zum fünfzehnten Tag. Ein Häftling habe seine Schuhe aufgegessen.

Die Opfer hätten geschrien, gefleht und gebettelt, aber niemand habe ihnen helfen können. »Sie tranken ihren eigenen Urin und leckten die Wände ab.« Schließlich seien sie zusammengebrochen, bis ihr Stöhnen allmählich verstummte. Boger habe oft Häftlinge bei Vernehmungen zu Tode misshandelt. »Aus dem Häftling Janicki wurde einfach Hackfleisch gemacht. Er wurde zerstückelt.«

Der Zeuge Dr. Stanislaw Klodzinski aus Polen schilderte die Zustände im Krankenblock 20. Er sah das Todeszimmer, in dem Klehr die Opfer »abspritzte«. In der Mitte stand nach der Schilderung des Zeugen ein kleiner Tisch, darauf lag ein Sack mit Spritzen und langen Injektionsnadeln. Daneben stand ein Glas mit einer gelbrosa Flüssigkeit, dem Phenol. Die Fenster war mit weißer Farbe undurchsichtig gemacht. Ein graugrüner Vorhang trennte das Zimmer vom Korridor. Klodzinksi sah mit eigenen Augen, wie Klehr, die Ärmel hochgekrempelt, in Gummihandschuhen und Gummischürze, mit der Injektionsspritze mordete. Das Opfer habe die rechte Hand in den Nacken legen müssen, die linke hinter den Rücken. So sei das Herz anscheinend am besten zu treffen gewesen. Klehr hatte nach den Worten des Zeugen eine Eigenart. Er liebte runde Zahlen. Wenn ein SS-Arzt 37 oder 45 Häftlinge für den Phenoltod ausgesucht hatte, sei Klehr durch die Krankenzimmer gegangen und habe weitere Opfer ausgesucht, um die Zahl nach oben abzurunden. In solchen Fällen habe das Todesurteil in dem lapidaren Satz bestanden: »Du kommst mit.«

Kaduk hatte nach Darstellung des Zeugen eine eigene Methode bei der Aussonderung von Todesopfern. Kranke mussten in der alten Wäscherei im Laufschritt an ihm vorbei defilieren. Wer hinfällig aussah oder einen kleinen Verband trug, den habe Kaduk mit Hilfe eines Spazierstockes aus der Reihe »gefischt«. Er fing die Opfer, indem er sie mit der Krücke des Stockes am Hals festhielt. Gegen den Lagerapotheker Dr. Capesius erhob der Zeuge den Vorwurf, das Phenol verwaltet und ausgegeben und sich im übrigen damit beschäftigt zu haben, das Zahngold der Vergasten zu »organisieren«.

Bei der Einvernahme des Zeugen Józef Seweryn leistete sich Kaduk eine seiner üblichen Frechheiten. Nachdem Seweryn ihn beschuldigt hatte, häufig Häftlinge misshandelt und weibliche Häftlinge vergewaltigt zu haben, glaubte der berüchtigte Rapportführer sich mit dem Satz verteidigen zu können:»Das ist der polnische Hass gegen uns.« Ebenso wie Kaduk bestritten auch die Angeklagten Boger, Hofmann und Dylewski alle von Sewerin erhobenen Vorwürfe. Der Zeuge hielt ihnen entgegen: »Es tut mir leid, dass sie heute keinen Mut mehr haben.«

Erschütternde Einzelheiten über die Tragödien, die sich auf der Rampe in Auschwitz während der Selektionen abspielten, schilderte die Zeugin Swiderska. Sie sagte, 90 Prozent aller neu Angekommenen seien ins Gas geschickt worden. Der verbliebene Rest sei zur Zwangsarbeit gekommen.

Der jetzige Direktor des Auschwitzmuseums, Kazimierz Smolen, bezifferte die Zahl der bis 1944 vergasten Opfer auf 3 Millionen. Ungefähr achtmal sah er den Angeklagten Stark mit dem Karabiner zu Block 11 oder zum Krematorium gehen. In allen Fällen sei Stark allein wieder zurück gekommen. Jedes Mal sei er sehr erregt gewesen, habe sich von einem Häftling die Schuhe putzen lassen und lange seine Hände gewaschen. Ein anderer Häftling habe die Fliegen aus Starks Zimmer verjagen müssen. Wenn dies nicht sofort gelungen sei, habe Stark getobt.

Die polnischen Zeugen Professor Dr. Fejkiel und Alfred Wóycicki sagten übereinstimmend aus, dass Klehr Häftlinge mit Phenol getötet habe. Fejkiel erhob diese Beschuldigung auch gegen Hantl und Scherpe. Bei seiner Vernehmung fiel übrigens wieder der Name des jetzt in Hamburg lebenden früheren SS-Arztes Dr. Uhlenbroock. Er soll in Auschwitz als Standortarzt große Selektionen veranlasst haben. (Uhlenbroock ist bisher nicht zur Rechenschaft gezogen worden.)

Ein bezeichnendes Licht auf die »Moral« der SS warf die Aussage des Journalisten Emil de Martini. Da es in Auschwitz keine eigenen Unterkünfte für Kinder gab, mussten acht- bis vierzehnjährige Jungen bei erwachsenen Häftlingen schlafen. Die SS hielt dies auf die Dauer für unmoralisch. Um die Moral zu retten, wurden die Kinder von den Erwachsenen getrennt und »abgespritzt«. De Martini erhob schwere Vorwürfe gegen die Angeklagten Stark und Klehr. Er beobachtete nach seiner Schilderung Erschießungen an der Schwarzen Wand. Von Boger sagte er, dass dieser einen Häftling während der Vernehmung mit dem Gesicht in glühenden Koks gestoßen habe.

Der Zeuge Fritz Putzker aus Wien sah Klehr bei Erschießungen und Vergasungen. Ebenfalls aus Wien stammte der Zeuge Hermann Reineck, der weinend schilderte, wie der SS-Sanitäter Klehr einen jüdischen Häftling vor den Augen des eigenen Sohnes zur Vergasung ausgesondert habe. Reineck warf dem Angeklagten Kaduk vor, einen Holländer so misshandelt zu haben, dass dieser später starb. Kaduk wurde auch von dem österreichischen Zeugen Ernst Toch belastet. Der SS-Unterscharführer sei plötzlich vor der Küche aufgetaucht, wo er einen Wortwechsel mit einem Häftling hatte. Kaduk beendete das Gespräch, sagte der Zeuge, indem er den Häftling durch mehrere Schüsse niederstreckte.

Eine Sonderstellung unter den Zeugen nehmen Friedrich Ontl und Professor Johann Kremer ein. Ontl war »Spieß« – so hießen die Hauptfeldwebel bei der Wehrmacht – beim Standortarzt in Auschwitz. Er wird sich demnächst selbst als Angeklagter vor Gericht zu verantworten haben. Nicht von ungefähr waren seine jetzigen Aussagen unbestimmt und führten zu keinem Resultat. Kremer war SS-Arzt in Auschwitz. Ein polnisches Gericht verurteilte ihn nach Kriegsende zum Tode. Später wurde er begnadigt.

In Westdeutschland kam Kremer erneut vor Gericht und wurde zu 10 Jahren Zuchthaus verurteilt, die jedoch durch die Haft in Polen als verbüßt angesehen wurden. Kremer zeigte jetzt als Zeuge vor Gericht keinerlei Mitleid mit seine Opfern. Er nannte es »menschlich verständlich«, dass sich die SS-Männer nach Erschießungen oder Vergasungen um Sonderrationen bewarben. Kremer bestätigte, dass Klehr eigenmächtig Todesopfer ausgesucht habe.

Am Schluss sei noch erwähnt, dass der Ostberliner Nebenklagevertreter Professor Dr. Kaul einen umfangreichen Beweisantrag gestellt hat, um die Verflechtung zwischen den Interessen der Industrie und der SS deutlich zu machen und vor allem die Verantwortung einiger Direktoren des früheren IG-Farben-Konzerns, der Auschwitzhäftlinge zur Sklavenarbeit einsetzte, klar zu stellen. Über die Zulassung des Antrags hat das Gericht noch nicht entschieden.

# Antrag auf Lokaltermin
# verursacht »Bauchschmerzen«

*31. Juli 1964*

Mit wenigen Schritten war der Angeklagte Klehr beim Mikrofon. Sein Gesicht spiegelte eine Mischung aus Fassungslosigkeit und Besserwisserei wider. Zum Vorsitzenden des Schwurgerichts gewandt sagte er: »Ich habe nie erlebt, dass einer von Birkenau zurückgekommen ist.« Die Bemerkung fiel nach der Aussage des polnischen Zeugen Dr. Adolf Gawalewicz, der von Klehr zusammen mit 300 anderen kranken Häftlingen in den Isolierbau des Vernichtungslagers Auschwitz-Birkenau verlegt worden war. Der Isolierbau hieß in der Lagersprache »Warteraum des Todes«. In ihm ließ man Häftlinge verhungern; wer zu lange lebte, wurde vergast.

Gawalewicz konnte mit Hilfe von Kameraden aus dem Isolierblock fliehen, und so kam es, dass er jetzt dem Angeklagten Klehr gegenüber stand und ihn beschuldigte, Menschen vorsätzlich in den Tod geschickt zu haben. Der Einwand des ehemaligen SS-Sanitäters, von Birkenau sei niemand lebend wieder gekommen, sollte die Aussage des Zeugen erschüttern. Klehrs begrenzter Verstand reichte offensichtlich nicht aus, zu begreifen, dass dadurch eher das Gegenteil bewirkt wurde. Was alle Angeklagten bisher bestritten, dass nämlich die Verlegung nach Birkenau gleichbedeutend mit einem Todesurteil war, gab Klehr indirekt selbst zu.

Ehe wir uns den einzelnen Aussagen zuwenden, ein kurzer Überblick über das Prozessgeschehen im Juni. Es wurden insgesamt 15 Zeugen gehört, darunter zwei frühere SS-Angehörige. Ihre Aussagen belasteten acht Angeklagte. Es sind dies Klehr, Hantl, Scherpe, Capesius, Kaduk, Broad, Boger und Lucas. Das Gericht verlas außerdem Berichte von ehemaligen SS-Angehörigen über die Zustände in Auschwitz und nahm ein Gutachten zum Thema Befehlsnotstand entgegen.

Einen neuen Akzent bekam der Prozess durch den Antrag, einen Lokaltermin im ehemaligen Vernichtungslager Auschwitz abzuhalten. Mit diesem Antrag überraschte Rechtsanwalt Henry Ormond das Gericht am 8. Juni. Ormond, der einige Nebenkläger vertritt, begründete seinen Antrag mit der Feststellung, dass der persönliche Eindruck nicht durch Fotos, Skizzen und Zeugenaussagen zu ersetzen sei. Zwar gebe es fraglos rechtliche, technische und politische Schwierigkeiten, aber sie ließen sich bei gutem Willen auf beiden Seiten, also auf deutscher und polnischer Seite, überwinden. Ormond teilte mit, dass ihm die polnische Regierung bereits zugesagt habe, einen Lokaltermin in Auschwitz zu gestatten.

Der Vorsitzende des Schwurgerichts, Landgerichtsdirektor Hofmeyer, machte völkerrechtliche Bedenken geltend. Er meinte, die Amtshandlung eines deutschen Gerichts im Ausland könnte möglicherweise eine Verletzung der Souveränität des betreffenden Staates darstellen. Rechtsanwalt Laternser, der »Star« in der Verteidigerphalanx, erklärte sofort seine grundsätzliche Ablehnung. Die Bundesregierung in Bonn werde einem Lokaltermin in Auschwitz nie zustimmen, da richterliche Tätigkeit im Ausland einen Rechtsbruch darstelle.

Interessanter Weise fand Laternser nicht ungeteilte Zustimmung bei seinen Kollegen. Vielmehr zeigte sich, dass die Front der Verteidiger an der Frage des Lokaltermins auseinander bricht. Rechtsanwalt Schallock sprach sich nämlich unverzüglich für die Annahme des Ormondschen Antrages aus. Dasselbe tat Professor Kaul aus Ostberlin. Er teilte mit, die Regierung der DDR würde den Prozessbeteiligten freie Durchfahrt gewähren. Demgegenüber schlug Ormond vor, durch die Tschechoslowakei zu fahren. Er habe sich schon vergewissert, dass da keine Schwierigkeiten bestünde (vgl. hierzu Fußnote 3). Der Gerichtsvorsitzende warf ein, dass nur die deutsche Bundesregierung über einen Lokaltermin im Ausland entscheiden könne, worauf Kaul vorschlug, das Gericht möge sich dann eben an die Regierung wenden.

Anschließend sprach sich der Verteidiger Zarnack für einen Lokaltermin aus. Seiner Meinung nach sei auf Grund einer zwischenstaatlichen Vereinbarung eine Amtshandlung eines deutschen Gerichts auf fremdem Hoheitsgebiet durchaus möglich. Politische Überlegungen habe das Gericht nicht anzustellen. Als dritter Verteidiger bejahte Rechtsanwalt Schallock den Antrag. Er wies zugleich die von Laternser ins Feld geführte »Unzumutbarkeit« einer Reise nach Polen zurück und sagte, sie sei Ausdruck einer ganz falschen Einstellung gegenüber den Ländern hinter dem Eisernen Vorhang.

Laternser hatte, nachdem sich auch die Staatsanwaltschaft für einen Lokaltermin ausgesprochen hatte, rundheraus erklärt, für ihn sei die Reise unzumutbar. Ein Verteidiger müsse aber in jedem Fall an einem Lokaltermin teilnehmen können. Mit der Bemerkung, dass ein absoluter Revisionsgrund gegeben sei, wenn ein Verteidiger aus grundsätzlichen Überlegungen heraus glaube, die Reise nicht mitmachen zu können, wollte Laternser das Gericht möglicherweise unter Druck setzen.

In Anbetracht der mit einem Lokaltermin in Auschwitz verknüpften delikaten Fragen – zwischen Bonn und Warschau bestehen keine diplomatischen Beziehungen – hat das Gericht die Entscheidung dem zuständigen hessischen Justizministerium übertragen, das sich nun seinerseits mit dem Bundesjustizministerium in Bonn in Verbindung setzen muss. Das letzte Wort hat Bonn. Es wäre zu wünschen, dass die Pflicht zur Aufklärung der historischen Wahrheit über die Naziverbrechen und zur Aufdeckung der persönlichen Schuld der Angeklagten in diesem Prozess über das Hallsteindogma der Nichtanerkennung Polens siegt.[5]

Nun zu den einzelnen Zeugenaussagen. Der tschechische Dentist Imrich Gönczi, der in Auschwitz in einem Versuchslabor arbeiten musste, schilderte an einem Beispiel die Vertiertheit der SS. Im Auftrag des SS-Arztes Dr. Münch mussten die Häftlinge aus gekochtem Fleisch Nährkulturen herstellen. Sie bekamen dafür anfänglich jeweils 15 Kilogramm Schweinefleisch oder Rindfleisch. Eines Tages kam das angelieferte Fleisch dem Zeugen merkwürdig vor. Er untersuchte Hautfetzen unter dem Mikroskop und stellte zu seinem Entsetzen fest, dass es sich um Menschenfleisch handelte, das gekocht und zu einer Nährlösung umgearbeitet werden sollte. Gönczi gab ferner zu Protokoll, Augenzeuge von Phenolmorden des Angeklagten Klehr gewesen zu

---

5   Nach der so genannten Hallsteindoktrin, benannt nach dem Staatssekretär im Bonner Außenministerium Dr. Walter Hallstein, lehnte die Bundesrepublik Deutschland diplomatische Beziehungen zu jedem Staat ab, der die DDR seinerseits völkerrechtlich anerkannte. Da Polen die DDR, wie alle anderen sozialistischen Staaten, anerkannt hatte, gab es zwischen Bonn und Warschau keine diplomatischen Beziehungen.

sein. Er musste die Opfer in den Todesraum führen und vorher mit Kopierstift die Nummer auf die nackte Haut malen.

Klehr wurde auch von dem polnischen Journalisten Ignacy Golik belastet. Er sagte, Klehr habe das Vergasungskommando geleitet und die Befehle zum Einwerfen des Zyklon B in die Gaskammern erteilt. Auch der angeklagte SS-Apotheker Dr. Capesius, sei mit dem Giftwagen oft zu Vergasungen nach Birkenau gefahren. Capesius habe sowohl das Giftgas als auch das Phenol für Injektionsmorde verwaltet. Die Apotheke in Auschwitz sei die »merkwürdigste Apotheke der Welt« gewesen. »Dort wurden Dinge aufbewahrt, die nicht zur Heilung, sondern zur Vernichtung von Menschen dienten.«

Wer Vergasungen überlebte, auch das kam hin und wieder vor, wurde wie ein Toter behandelt und zusammen mit den Leichen auf riesigen Scheiterhaufen verbrannt. Das ging aus der Aussage des Zeugen Kurt Knuth-Siebenlist hervor, die verlesen werden musste, da der Zeuge im vergangenen Jahr gestorben ist.

Mit einem kurzen Blick habe Klehr bei Selektionen kranke Häftlinge zur Ermordung durch Phenol ausgesondert, berichtete der polnische Zeuge Stanislaw Glowa, ein höherer Verwaltungsbeamter. Mitunter hätten die Selektionen unterbrochen werden müssen, weil Klehr völlig betrunken gewesen sei. Glowa schilderte, wie ein sowjetischer Kommissar sich verzweifelt gegen Klehr gewehrt habe, als dieser ihn »abspritzen« wollte. Das Opfer sei schließlich von einem anderen SS-Mann von hinten niedergeschlagen worden. Klehr habe sich dann auf den am Boden Liegenden gesetzt und die Phenolspritze in die Brust gestochen.

Der als Zeuge erschienene polnische Arzt und Dozent Dr. Jerzy Tabeau zählt zu den wenigen Häftlingen, denen die Flucht aus Auschwitz gelang. Auch er sah Klehr mit der Injektionsspritze morden. Den Angeklagten Scherpe beschuldigte er der Teilnahme an Selektionen. Der ehemalige Gestapomann Broad wurde von dem Zeugen bei einer Selektion auf der Rampe beobachtet, als neu angekommene Opfer für die Gaskammer ausgesondert wurden.

»Bei Klehr genügt es, wenn einer Jude war oder 38 Grad Fieber hatte«, sagte der Generalsekretär des Internationen Auschwitz Komitees, der polnische Schriftsteller Tadeusz Holuj als Zeuge aus. Klehr habe oft überraschend Selektionen durchgeführt, so dass es der Widerstandsbewegung nicht möglich gewesen sei, Kranke zu verbergen und dadurch zu retten. Wie infam die SS war, ging aus der Aussage Holujs hervor, alle Häftlinge, die bei einem Fliegerangriff auf das Lager 1944 verwundet worden seien, hätten von der SS-Verwaltung zunächst Alpenveilchen und Schokolade geschenkt bekommen und einen Tag später seien sie vergast worden.

Die Zeugen Edward Pys und Bartosz Oziemkowski, beide aus Polen, warfen Klehr ebenfalls vor, Phenolmorde begangen und Vergasungen geleitet zu haben. Der SS-Apotheker Capesius wurde von dem Zeugen Wilhelm Prokop aus Polen bezichtigt, das Zyklon B verwaltet und sich am Zahngold Ermordeter bereichert zu haben: Der Apotheker Jan Sikorski aus Warschau sagte aus, Capesius habe in Berlin das Phenol angefordert und Klehr habe es in der Apotheke abgeholt.

Der letzte Lagerälteste des Konzentrationslagers Dachau, Rechtsanwalt Dr. Heinrich Dürrmayer aus Wien, belastete vor allem Kaduk und Boger. Dürrmayer verhörte nach Kriegsende den Leiter der Auschwitzer Lagergestapo Grabner, dessen in Untersuchungshaft verfasster Bericht über Auschwitz vor Gericht verlesen wurde. Darin belastet Grabner vor allem seinen damaligen Kumpan Boger. Auf Befragen lehnte Boger jede Stellungnahme ab. Wütend antwortete er: »Ich beantworte keine Frage, möge sie kommen, woher sie wolle.« (Grabner wurde nach Kriegsende hingerichtet.)

Erwähnt sei abschließend noch das Gutachten Dr. Buchheims vom Münchner Institut für Zeitgeschichte, in dem ausführlich nachgewiesen wird, dass SS-Angehörige sich nicht auf Befehlsnotstand berufen könnten. Führerbefehle seien nicht rechtswirksam gewesen. Der Eintritt in die SS sei schon der Beweis für die völlige Übereinstimmung mit den Zielen der SS gewesen. Wer nicht mitmachen wollte, hätte jederzeit aus der SS austreten können.[6]

---

6   Gegen Kriegsende wurden gegen ihren Willen auch Wehrpflichtige zur Waffen-SS eingezogen.

# »Du kannst nur noch verrecken ...«

*31. August 1964*

Der wissenschaftliche Assistent der Universität Jerusalem, Otto Dov Kulka, stutzte, als er vor sich das Gesicht eines Mannes sah, dem er kurz zuvor noch in anderer Umgebung begegnet war. Kulka hatte im Auschwitz-Prozess als Zeuge ausgesagt und befand sich nun auf dem Frankfurter Flughafen, um die Heimreise anzutreten. Der Mann vor ihm war doch der ehemalige Lagerarzt Dr. Lucas, einer der Angeklagten? Kulkas Hirn arbeitete fieberhaft. Was tut Lucas auf dem Flugplatz? Kulka entsann sich der Berichte über die Flucht belasteter Personen aus der Zeit des Dritten Reiches. Wollte der frühere SS-Arzt, dem die Beteiligung an einer unbestimmten Zahl von Morden vorgeworfen wird, nun das Weite suchen?

Kurz entschlossen verständigte Kulka die Flughafenpolizei. Dr. Lucas wurde festgehalten und in ein Nebenzimmer geführt. Der Verdacht des ehemaligen Auschwitzhäftlings bestätigte sich allerdings nicht. Der Angeklagte Lucas besaß eine Flugkarte nach Hamburg und wollte während einer Prozesspause nach Hause fliegen. Er befindet sich, wie acht andere Angeklagte, auf freiem Fuß.

Wegen dieses Vorfalls beantragte der Verteidiger des Angeklagten Höcker beim Gerichtsvorsitzenden einen »Schutzbrief« für seinen Mandanten, aus dem hervorgeht, dass er sich in der gesamten Bundesrepublik frei bewegen könne. Hofmeyer schien nicht wenig überrascht und tat, was er im Moment für zweckmäßig hielt: er äußerte sich überhaupt nicht.

Der ungewöhnliche Vorstoß ist eine der zahlreichen Episoden, die den gleichmäßigen Ablauf des Prozesses während der Berichtszeit unterbrachen. Seit meiner letzten Schilderung trat das Gericht vierzehnmal zusammen. Die Verhandlungstage erstreckten sich über die Zeit vom 6. Juli bis zum 7. August. 35 Zeugen wurden aufgerufen, darunter sechs Frauen. Bei 25 Zeugen handelte es sich um ehemalige Häftlinge, neun gehörten zum Auschwitzer SS-Personal. Zum ersten Mal wurde eine Angehörige eines Angeklagten in den Zeugenstand geholt: die Frau des schwer belasteten SS-Sanitäters Klehr. Sie sollte – vom Verteidiger benannt – bezeugen, dass ihr Mann zu Weihnachten 1942, zu einer Zeit also, da er in Auschwitz Morde begangen haben soll, zu Hause auf Urlaub gewesen ist. Aber Frau Klehr konnte sich daran nicht erinnern.

Unter den 35 Zeugen waren zwei, die zum zweiten Mal gehört wurden. Ihre neuerliche Einvernahme wurde notwendig, nachdem die Staatsanwaltschaft gegen den Angeklagten Schlage eine Nachtragsklage erhoben hatte. Darin wird Schlage beschuldigt, er habe in den Stehzellen des Todesbunkers Häftlinge vorsätzlich verhungern lassen. Die Zeugen Breiden und Severra bestätigten das. Zu dem gefangenen Artisten Bruno Graf soll Schlage gesagt haben: »Jetzt kannst du nur noch verrecken.« In den letzten Tagen vor seinem Tode habe der Häftling wie ein Tier gebrüllt.

Zum ersten Mal wurde ein Zeuge im Gerichtssaal festgenommen. Er heißt Engelschall und war von der Verteidigung benannt worden. Die Festnahme erfolgt wegen des dringenden Verdachts, dass Engelschall sich zusammen mit dem Angeklagten Stark an der Ermordung von 20 Häftlingen beteiligt habe. Zu den nicht alltäglichen Vorkommnissen zählt auch der von Staatsanwalt Kügler gestellte Antrag, dem Verteidiger der Angeklagten Mulka und Höcker, Rechtsanwalt Stolting II, das Mandat zu entziehen, weil er, wie Kügler sagte, seiner Aufgabe nicht gerecht werde. Stolting II, der während des Krieges bei einem NS-Sondergericht in Polen tätig war, hatte sich mehrmals geweigert, Erklärungen des Nebenklagevertreters Kaul zur Kenntnis zu nehmen. Das Gericht hat über den Antrag noch nicht entschieden.

Die Zahl der Angeklagten verringerte sich während der Berichtsperiode von 21 auf 20, da das Verfahren gegen den Angeklagten Neubert abgetrennt werden musste. Der ehemalige SS-Sanitäter leidet an einer Nierenkrankheit. Er wird sich nun in dem geplanten zweiten Auschwitz-Prozess zu verantworten haben. Zuvor waren bereits die Verfahren gegen die Angeklagten Bischoff und Nierzwicki krankheitsbedingt abgetrennt worden.

Gegen den Angeklagten Mulka wurde eine Nachtragsklage wegen dreifachen Mordes erhoben. Der Beschuldigte ließ daraufhin zu seinen beiden Pflichtverteidigern noch einen Wahlverteidiger kommen. Außerdem teilte er mit, dass er Fragen von Kügler und Kaul nicht beantworten

werde, da der Staatsanwalt ihn als Lügner und als Angehörigen eines
uniformierten Mordkommandos bezeichnet hatte. Kügler konterte: »Ich
stelle fest, dass Sie nicht nur kein Soldat waren, sondern auch noch feige
und verlogen sind.«

Das Verlangen des Mulka-Verteidigers, sich wegen dieser Äußerung
zu entschuldigen, wies Kügler kategorisch zurück. Auf Antrag Mulkas
erstattete der Anwalt daraufhin Beleidigungsanzeige gegen den Staatsanwalt.

Über den Antrag, zu einem Lokaltermin in das ehemalige Vernichtungslager Auschwitz zu fahren wurde noch nicht entschieden. Das Bundesjustizministerium, das die rechtlichen Voraussetzungen zu klären
hat, bat inzwischen um Mitteilung, für welche Prozessbeteiligten bei der
polnischen Regierung um freies Geleit nachgesucht werden müsse. Aus
diesem Grund fragte der Vorsitzende die Angeklagten, ob sie gewillt
seien, mit nach Auschwitz zu fahren. Acht lehnten ab, und zwar Boger,
Kaduk, Klehr, Scherpe, Hofmann, Hantl, Stark, und Schoberth.

Zu den Besonderheiten dieses Prozesses gehört es, dass manche Zeugen, die in der Voruntersuchung belastende Angaben gemacht haben,
vor Gericht von ihren früheren Aussagen abrücken. Einer redete sich
darauf hinaus, betrunken gewesen zu sein; er sei ein »dusseliger Hund«
gewesen. Auf die Widersprüchlichkeit seines Verhaltens aufmerksam
gemacht, erwiderte dieser Zeuge: »Dann habe ich eben gelogen.« Der
Vorsitzende gab ihm den Satz mit auf den Weg: »Wegen der falschen
Aussagen werden Sie noch von der Staatsanwaltschaft hören.« Mehrere
Zeugen gaben an, sie seien zu Hause von einem gewissen Eisler aufgesucht worden, der ihnen »durch die Blume« zu verstehen gegeben habe,
sie könnten mit einem höheren Geldbetrag rechnen, wenn sie günstig
für den angeklagten Lagerapotheker Capesius aussagten.

Je länger der Prozess dauert, desto wortkarger, wenn auch nicht
leiser, werden die Angeklagten. Zu Beginn ergingen sie sich häufig in
weitschweifigen Schilderungen; jetzt streiten sie nur noch die Vorwürfe knapp und schnoddrig ab und stellen die Zeugen, die sie belasten,
mehr oder weniger offen als Lügner hin. Kaduk ließ das Gericht wissen,
dass er fortan überhaupt keine Erklärungen mehr abgeben werde. Sein
Namen wurde in den letzten Verhandlungstagen wieder am häufigsten

genannt. Nach den Bekundungen des Zeugen Korn hat Kaduk bei Selektionen die Todesopfer wahllos ausgesucht. »Vielleicht gefiel ihm die
Nase nicht oder das Gesicht. Dann zeigte er mit einem Stöckchen auf
den Betreffenden, und das war dann der Tod.«

Der ehemalige Schutzhaftlagerführer Hofmann verteidigte sich
auf besonders originelle Weise gegen den Vorwurf, beim abendlichen
»Sportmachen« seien eines Tages zwei Tote zurück geblieben. »Es ist
unmöglich, dass abends Sport gemacht wurde«, behauptete er. »Von
Menschen gestorben, davon weiß ich überhaupt nichts.«

Dass in Auschwitz nicht nur fabrikmäßig gemordet wurde, sondern
auch ungezählte »individuelle« Verbrechen begangen wurden, bestätigte
die Aussage des Zeugen Simon Gotland. Während ein neu angekommener Transport auf der Rampe ausgeladen worden sei, habe eine
Frau gerade ein Kind zur Welt gebracht. Der Zeuge, der als Häftling die
Waggons mit entleeren musste, sei gerade dazu gekommen und habe
das Neugeborene in Kleidungsstücke gewickelt. Plötzlich sei der Angeklagte Baretzki aufgetaucht und habe geschrien: »Was spielst du mit
dem Dreck!« Das Kind sei auf den Boden gefallen und Baretzki habe es
wie einen Fußball zehn bis fünfzehn Meter weit fort geschleudert. Der
Zeuge nach einer Pause: »Da war das Kind tot.« Ob er das beschwören
könne, fragte der Vorsitzende. Ja, das könne er reinen Herzens, und
gedankenverloren fügte er hinzu: »Vielleicht waren sie krank, als sie
das taten...«

Eine erschütternde Szene spielte sich nach der Aussage des Zeugen
David Schmidt ab. Er traf im Vorraum seinen ehemaligen Leidensgefährten aus Auschwitz Abraham Feffer. Mit dem Ausruf »Abraham,
Abraham!« stürzte er auf ihn zu. Mit Tränen in den Augen begrüßten
die beiden einander. David Schmidt erlitt später einen Zusammenbruch
und musste hinaus geführt werden.

Der Angeklagte Mulka gab zu, dass mit Lastwagen aus der Fahrbereitschaft, für die er zuständig war, Opfer in die Gaskammern gefahren
wurden. Dagegen habe er nichts machen können. Ob er vielleicht Spazierfahrten mit den Lastwagen verboten hätte, wurde er gefragt.. Seine
Antwort: »Selbstverständlich!« Gaskammerfahrten verbot er nicht. »Das
hatte keinen Zweck.«

## Desaster für Mulka und Capesius

*30. September 1964*

Es war an einem Montag, an einem Tag also, der wie der Donnerstag und der Freitag, Verhandlungstag im Auschwitz-Prozess ist, als mir morgens an einem Zeitungsstand unweit meiner Haustür der Angeklagte Dr. Schatz über den Weg lief. Er hatte sich gerade etwas zu lesen gekauft und stieg jetzt in das Auto seines mitangeklagten Kollegen Dr. Frank, das beide von Stuttgart nach Frankfurt gebracht hatte und mit dem sie nun weiter zum Gerichtsgebäude in der Frankenallee fuhren.

Ich fragte die Frau am Kiosk, ob sie wisse, wen sie da eben bedient habe. Ja, es sei ein kleiner Herr gewesen, der den »Spiegel« gekauft habe, aber seinen Namen kenne sie nicht. Mein Hinweis, dass es sich um einen der Angeklagten aus dem Auschwitz-Prozess handle, der unter der schweren Beschuldigung steht, unschuldige Menschen in Auschwitz für den Gastod ausgesondert zu haben, löste Überraschung und ungläubiges Staunen aus. Ja, ob solche Leute denn noch frei herum laufen dürfen, wurde ich gefragt, und mir blieb nur die Antwort: Sie dürfen – und werden von ihrer Umwelt nicht einmal erkannt, obwohl viele Zeitungen Fotos von ihnen veröffentlicht haben.

Ich will diese kleine Begebenheit nicht überbewerten, aber sie erscheint mir typisch für die Gleichgültigkeit zu sein, mit der ein Teil der Öffentlichkeit den Auschwitz-Prozess an sich vorbei gleiten lässt. Sie kann freilich nicht generalisiert werden; sonst wäre nicht vorstellbar, dass immer noch, obwohl der Prozess bereits ein Dreivierteljahr dauert, große Menschengruppen in den Verhandlungssaal drängen. Noch ehe morgens ein Wachmann die Tür öffnet, umlagert eine Traube von 50 bis 70 Besuchern den Eingang; und das an jedem Verhandlungstag!

Dreizehnmal trat das Gericht seit meinem letzten Bericht zusammen. In der Zeit vom 13. August bis zum 11. September kamen 36 Zeugen zu Wort, darunter 23 ehemalige Häftlinge und 13 frühere SS-Leute. Knapp die Hälfte der SS-Zeugen blieb wegen des Verdachts der Mittäterschaft unvereidigt; einer wurde sogar vorübergehend festgenommen. Für dreizehn der 20 Angeklagten ergaben die dreizehn Verhandlungstage weitere schwere Belastungen, und zwar für Bednarek, Mulka, Höcker, Capesius, Baretzki, Broad, Boger, Schoberth, Stark, Kaduk, Klehr, Dylewski und Lucas.

Während – wie eingangs erwähnt – die Außenwelt viel Gleichgültigkeit an den Tag legt, wird im Gerichtssaal die zunehmende Nervenbelastung der Prozessbeteiligten spürbar. Immer häufiger kommt es zu schweren Zusammenstößen, vornehmlich zwischen den Verteidigern auf der einen und der Staatsanwaltschaft und den Vertretern der Nebenkläger auf der anderen Seite. Den Anlass liefern in der Regel die Verteidiger, hauptsächlich der »Starverteidiger« Laternser. Er wirft der Staatsanwaltschaft und den Nebenklägern bei jeder Gelegenheit mangelnde Gesetzeskenntnis vor und fand es nicht unter seiner Würde, dem Nebenkläger, Rechtsanwalt Raabe, der seinen wachen Verstand schon oft unter Beweis gestellt hat, dessen geringes Alter vorzuhalten.

Bei einem Rückblick auf das bisherige Prozessgeschehen drängt sich der Eindruck auf, dass die Verteidiger nun versuchen, die Initiative an sich zu reißen und dem Verhandlungsverlauf ihren Stempel aufzudrücken. Dabei schrecken sie selbst vor beleidigenden Ausfällen gegenüber den überlebenden Opfern nicht zurück. Sie beantragten zum Beispiel, dass ein ehemaliger Häftling, der Angehörige in Auschwitz verloren hat, unvereidigt bleiben sollte, da er durch seine persönlichen Erlebnisse als voreingenommen gelten müsse.

Wenn diese Methode Schule macht, müssten alle Überlebenden als Zeugen ausgeschlossen werden, da fast jeder von ihnen nahe Verwandte als Opfer der Todesfabrik zu beklagen hat. Das Gericht wies den Antrag natürlich zurück. Leider lässt die Staatsanwaltschaft mitunter die gewünschte Aktivität vermissen, wenn solche Zeugen von den Verteidigern auf üble Weise in die Zange genommen werden. Typisch für die ständigen Versuche der Verteidigung, das Gebäude der Anklage zu erschüttern, ist ihr Vorwurf, die Häftlinge hätten sich unter tätiger Mithilfe des ehemaligen Sekretärs des Internationalen Auschwitz Komitees Hermann Langbein untereinander abgesprochen.

Dazu muss man wissen, dass Langbein viele Zeugen benannt hat, die ihm von Auschwitz her in Erinnerung waren. Die meisten von ihnen wohnen außerhalb der Bundesrepublik Deutschland, und es war nur folgerichtig, dass Langbein, als er sie um ihr Wissen über die Verhältnisse in Auschwitz befragte, auch unterrichtet sein wollte, ob sie bereit seien, ihre Aussage vor einem deutschen Gericht zu wiederholen. Die meisten bekräftigten diese Bereitschaft am Schluss ihrer Aussage. Diese Übereinstimmung der Schlussfloskel nehmen die Verteidiger zum Anlass für die Behauptung, gegen die Angeklagten sei ein Komplott geschmiedet worden.

Was ehemalige Häftlinge bislang ausgesagt haben, widerlegt diese Diffamierung; denn häufig wichen ihre Aussagen beträchtlich voneinander ab. Den Eindruck einer Verschwörung gewinnt man eher bei den SS-Zeugen, die nun in zunehmender Zahl aufgerufen werden. Sie heucheln totale Unkenntnis und rücken von früheren Aussagen ab. Nicht von ungefähr blieb fast jeder zweite unvereidigt.

Ein neues Moment ist insofern aufgetreten, als SS-Leute zum ersten Mal einander belasteten. So stand zum Beispiel der Angeklagte Baretzki am Schluss der Vernehmung des SS-Zeugen Walter auf und rief laut in den Saal, der Mann sei ein Lügner, wenn er behaupte, in Auschwitz nicht an der Rampe gewesen zu sein. Er selbst habe ihn mehrmals dort gesehen. Walter wiederum, der in Auschwitz Leiter des Erkennungsdienstes und »Spieß« in der Kommandantur war, belastete den damaligen Adjutanten Höcker. Höckers »Kollege« Mulka wurde ebenfalls von einem früheren SS-Mann belastet, und zwar von dem Zeugen Pomreinke, der als Kraftfahrer der Fahrbereitschaft unterstellt war. Er bestätigte, dass Mulka die Fahrbereitschaft geleitet und Fahrbefehle unterschrieben habe.

Die Fahrbereitschaft setzte die Lkw für Gaskammertransporte ein. Mulka hat die Zuständigkeit für diesen Bereich bislang bestritten. Er behauptete sogar, überhaupt nicht gewusst zu haben, dass es in Auschwitz Gaskammern gab. Unter dem Druck der Beweise brach das Lügengebäude Mulkas jetzt auseinander. Zum ersten Mal nach neun Monaten Prozessverlauf legte er ein Teilgeständnis ab. Und das kam so: Der ehemalige SS-Fahrer Heger hatte vor Gericht erklärt, von Mulka den Befehl zu einer Fahrt nach Dessau bekommen zu haben, von wo das Zyklon B für die Gaskammern geholt wurde. Auf dem Fahrbefehl stand die Anforderung von »Material für die Judenumsiedlung«. Der Vorsitzende fragte den Angeklagten: »Mulka, was verstehen Sie unter

Material?« Der Angeklagte suchte lange nach einer Antwort. Dann bekannte er:»Zyklon B« Vorher hatte er bereits zugegeben, einen Fahrbefehl für Dessau unterschrieben zu haben.

Damit hat sich die bislang von Mulka monoton wiederholte Behauptung, von Gaskammern und Vergasungen nichts gewusst zu haben, in Luft aufgelöst. Der ehemalige Adjutant des Lagerkommandanten von Auschwitz, der vor Gericht den »feinen alten Herrn« spielt, gab damit indirekt auch zu, bei der Vernichtung von Millionen unschuldiger Menschen mitgewirkt zu haben. Dieses Geständnis ist die eigentliche Sensation der jüngsten Prozessphase.

Finster sieht es auch für den früheren Leiter der Auschwitzer Hauptapotheke Capesius aus. Er hat bisher behauptet, dass alle Zeugen sich irrten, die ihn bei Selektionen an der Rampe gesehen haben wollen. Nicht er sei das gewesen, sondern ein gewisser Dr. Klein. Dieser Klein konnte von Capesius ohne weiteres belastet werden – er ist nämlich tot. Dieser Verwechslungskomödie hat nun eine Reihe von Ärzten und Apothekern ein Ende gemacht, die Capesius vor seiner Zeit in Auschwitz von Siebenbürgen her kannten, wo Capesius als Vertreter der IG Farben bei Ärzten und Apothekern IG-Farben-Präparate einführte. Sie erkannten Capesius an der Rampe in Auschwitz wieder. Andere Zeugen bekundeten, dass er das Giftgas in der Apotheke verwaltete. Capesius wandte dagegen ein, in den Behältern habe sich Ovomaltine-Ersatz befunden, ein Stärkungsmittel. Für ihn war Auschwitz allem Anschein nach nicht nur eine willkommene Gelegenheit, seinen Antisemitismus, der ihn bereits in Siebenbürgen unrühmlich bekannt gemacht hat, abzureagieren, sondern er bereicherte sich offensichtlich auch an den Wertsachen der Opfer. Der Zeuge Bard berichtete, Capesius habe sich auf der Rampe in auffälliger Weise für Zahnpastatuben und Cremedosen interessiert. Die SS hatte herausgefunden, dass die »angelieferten« Opfer mitunter ihren Schmuck in diesen Behältnissen versteckten. Capesius habe verlangt, dass alle Tuben und Cremetiegel in die Apotheke gebracht wurden. Dort seien sie untersucht worden und der Schmuck ging an Capesius. Ebenso das Zahngold, das den Ermordeten ausgebrochen wurde. Oft soll der Apotheker Pakete an seine Frau in der Heimat geschickt haben.

Diese Aussagen liefern möglicherweise den Schlüssel für die Wohlhabenheit des Apothekers nach Kriegsende. Obwohl er seinen gesamten Besitz in Siebenbürgen zurücklassen musste, konnte er sich nach Kriegsende im württembergischen Göppingen eine Apotheke und im Südwesten der Bundesrepublik einen Schönheitssalon einrichten. Vor seiner Festnahme gehörte er zur Creme de la Creme der Kreisstadt Göppingen.

Auf die zahlreichen weiteren Zeugnisse der Brutalität und des Sadismus soll diesmal nicht eingegangen werden. Erwähnt werden muss dagegen das Gutachten des Bonner Historikers Dr. Jacobsen, der auf Wunsch der Staatsanwaltschaft über den so genannten Kommissarbefehl referierte. Dieser Befehl verlangte, dass alle politischen Kommissare der sowjetischen Armee nach der Gefangennahme sofort zu erschießen seien. Die Darlegungen des Wissenschaftlers beleuchteten den Hintergrund der Massenmorde an sowjetischen Kriegsgefangenen, von denen tausende in Auschwitz ihr Leben lassen mussten. Das Gutachten belegte, dass es nicht nur darum geht, individuelle Schuld zu ermitteln, sondern auch das gesamte Bild der Abscheulichkeit in Erinnerung zu rufen, mit der eine politische »Idee« in die Tat umgesetzt wurde. Nur so erfüllen solche Verfahren ihren Zweck gegenüber den Lebenden.

## Wenn die Gaskammern geöffnet wurden ...

*31. Oktober 1964*

Immer mehr zieht sich der Ring um die Angeklagten im Auschwitz-Prozess zusammen. Nur noch sechs von ihnen befinden sich auf freiem Fuß, nachdem die Angeklagten Frank und Dylewski am 97. Verhandlungstag im Gerichtssaal festgenommen worden sind. Die Festnahme erfolgte auf Antrag des Nebenklagevertreters, Rechtsanwalt Henry Ormond. Vorausgegangen waren neue belastende Aussagen mehrerer Zeugen aus Israel und der Tschechoslowakei. Ormond hatte auch den Erlass eines Haftbefehls gegen die Angeklagten Schatz und Broad beantragt. Bei Frank und Schatz handelt es sich um Zahnärzte, die der Anklage zufolge als SS-Ärzte in Auschwitz an Selektionen auf der Rampe und an Massenvergasungen teilgenommen haben. Dylewski und Broad gehörten der Politischen Abteilung, also der Lagergestapo an. Dylewski war schon einmal in Untersuchungshaft, wurde aber gegen eine Kaution von 15.000 Mark wieder auf freien Fuß gesetzt. Auch gegen Broad war schon einmal ein Haftbefehl erlassen worden. Er hinterlegte eine Kaution von 50.000 Mark, um vom Vollzug des Haftbefehls verschont zu werden. Ormond meinte, bei allen vier bestehe Fluchtgefahr. Die ihnen von verschiedenen Zeugen zur Last gelegten Verbrechen hätten dazu geführt, dass sie mit lebenslangem Zuchthaus oder mit langjährigen Zuchthausstrafen rechnen müssten. Unter Anspielung auf die Flucht von NS-Verbrechern aus der Bundesrepublik sagte Ormond weiter, es bereite ehemaligen SS-Leuten, die wegen Gewaltverbrechen an Juden angeklagt seien, keinerlei Schwierigkeiten, mit Hilfe alter SS-Kameraden ins Ausland zu entkommen und dort untergebracht zu werden.

Obwohl die Staatsanwaltschaft sich dem Haftantrag Ormonds anschloss, ordnete das Gericht nur für Frank und Dylewski Untersuchungshaft an. Damit wurden seit Beginn des Prozesses insgesamt fünf Angeklagte im Gerichtssaal festgenommen. Gegenwärtig werden also 14 Angeklagte aus der Untersuchungshaft zu den Verhandlungen vorgeführt; sechs sind noch frei.

Seit meinem letzten Bericht tagte das Gericht elf Mal. Es hörte in der Zeit vom 14. September bis zum 9. Oktober insgesamt 30 Zeugen. Unter ihnen waren 19 ehemalige Häftlinge und elf frühere Angehörige der SS. Ein Ende der Beweisaufnahme ist noch nicht abzusehen. Am 92. Verhandlungstag kündigte Staatsanwalt Kügler an, dass er die Ladung von 17 weiteren Zeugen beantragen werde. Die Bemerkung des Vorsitzenden Hofmeyer, die letzten Beweisanträge würden in den nächsten Tagen gestellt, da man »langsam zum Ende kommen« müsse, wurde verschiedentlich als erstes Zeichen der Ermüdung des Gerichts gewertet. Am 2. Oktober entschied das Gericht sodann, dass alle Beweisanträge bis zum 15. Oktober eingereicht werden müssten. Es fügte allerdings hinzu – »Damit nicht der Eindruck einer vorzeitigen Ermüdung des Gerichts entsteht« –, dass auch später noch Anträge gestellt werden könnten. Sie würden allerdings darauf hin geprüft, ob sie die Prozessverschleppung zum Ziel hätten.

Das Auftreten der in der Berichtszeit als Zeugen gehörten ehemaligen SS-Leute verstärkte den Eindruck einer allgemeinen Verschwörung des Schweigens. Nahezu alle SS-Zeugen hatten während der Voruntersuchung sehr detaillierte Angaben über ihre Wahrnehmungen in der Todesfabrik von Auschwitz gemacht. Jetzt widerriefen sie im Gerichtssaal zum Teil ihre früheren Bekundungen oder behaupteten, sich geirrt zu haben. Es bedurfte immer wieder nachdrücklicher Ermahnungen des Vorsitzenden, bis die Erinnerungen bruchstückhaft wiederkamen. Im großen und ganzen redeten diese Zeugen jedoch um die Dinge herum oder verlegten sich aufs Leugnen. Wie sich dieser Wandel erklärt, wurde bei der Einvernahme des Zeugen Wildermuth deutlich. Er gestand, sich des öfteren mit ehemaligen SS-Kameraden getroffen zu haben. Über die Vorgänge in Auschwitz sei dabei nicht gesprochen worden; man habe nur »so miteinander geredet«.

Unter den SS-Zeugen waren abermals frühere Angehörige der Fahrbereitschaft in Auschwitz, die mit Lastkraftwagen Opfer zu den Gaskammern gefahren haben. Es ist unverständlich, dass diese Leute noch auf freiem Fuß sind. Einer der ehemaligen SS-Angehörigen lehnte es ab, seine Aussage auf Tonband festzuhalten. Er ist heute Beamter der Regierungshauptkasse in Stade. Nicht einmal die Ankündigung von Staatsanwalt Kügler, er werde gegen ihn ein Meineidverfahren beantragen, bewog ihn, von seinen unglaubwürdigen Aussagen abzugehen.

Zu einem erregenden Zwischenfall kam es bei der Einvernahme des ehemaligen SS-Richters und jetzigen Rechtsanwalts Wiebeck. Der angeklagte SS-Mann Baretzki, der schon einmal einen SS-Zeugen belastet hat, klagte jetzt den ehemaligen SS-Richter an: »Sie waren doch in Auschwitz. Da sind doch Tausende Menschen umgebracht worden. Warum haben Sie denn da nicht gesagt, dass das Unrecht ist?« Der Angesprochene wusste keine Antwort. Er redete sich darauf hinaus, in Auschwitz nur Korruptionsfälle bei der SS untersucht zu haben. Bezüglich der Gefangenen habe er nichts aufzuklären gehabt.

Zum ersten Mal traten Zeugen aus der DDR und der Sowjetunion auf. Ihre Aussagen erbrachten neue, zum Teil bisher unbekannte Belastungen gegen mehrere Angeklagte. So bekundete der Zeuge Spicker aus der DDR, er habe den Angeklagten Mulka bei der Aussonderung von Opfern für die Gaskammer auf der Rampe gesehen. Diese Tätigkeit war von Mulka bisher energisch bestritten worden. Ebenfalls zusammengebrochen ist Mulkas Behauptung, er habe von Vergasungen nie etwas erfahren. Ihm wurde ein Dokument vorgehalten, aus dem hervorgeht, dass er auf den Einsatz von Häftlingen beim Krematoriumsbau in Birkenau am Silvestertag des Jahres 1943 gedrängt hat. Mulka musste seine Unterschrift unter dem Dokument als echt anerkennen und damit gleichzeitig zugeben, dass ihm die Massenvergasungen bekannt waren.

Zu den bisher erschütterndsten Höhepunkten des gesamten Prozesses gestaltete sich die Einvernahme der Zeugen Farber und Müller aus der Tschechoslowakei und des Zeugen Rosenstock aus Israel. Farber berichtete: »An einem Herbsttag 1943 sah ich morgens sehr früh im Hof von Block 11 ein kleines Mädchen. Es war ganz allein. Es hatte ein rotes Kleidchen an, die Händchen hielt es an der Seite, wie ein Soldat. Es schaute ab und zu an sich herunter und wischte sich den Staub von den Schuhen. Dann stand es wieder ganz still. Kurz darauf kam Boger in den Hof. Er nahm das Kind an der Hand und stellte es mit dem Gesicht gegen die Schwarze Wand. Boger ging zurück. Das Kind schaute sich noch einmal um, und Boger drehte ihm den Kopf wieder gegen die Wand. Dann erschoss er das Kind mit seinem Gewehr. Die Leichenträger erzählten mir später, dass auch ein Kind polnischer Eltern kurz vorher im selben Hof erschossen worden war.«

Während seiner Aussage blickte Farber häufig zu dem Angeklagten Dylewski. Zunächst wusste niemand warum. »Ich möchte da noch eine Sache von Block 11 erzählen«, hob Farber dann an. Er habe im Gerichtssaal noch einen SS-Mann wiedererkannt. Der ehemalige Häftling berichtete, er habe gesehen, wie eines Tages eine vierköpfige Familie in den Hof von Block 11 gebracht wurde. Es habe sich um einen etwa 35jährigen Mann gehandelt, der einen Jungen an der Hand hielt, und um eine jüngere Frau, die ein kleines Kind auf dem Arm trug. Die vier Menschen hätten etwa eine halbe Stunde im Hof des Todesblocks gewartet. »Dann kam ein SS-Mann und schoss sofort dem Kind, das die Mutter auf dem Arm trug, in den Kopf. Die Mutter fiel mit dem Kind zu Boden. Er erschoss dann die Mutter, den Mann und auch den Jungen. Hier sehe ich den SS-Mann wieder.«

Mit ausgestrecktem Arm zeigte Farber auf den Angeklagten Dylewski, der sich bereits erhoben hatte, noch ehe recht klar war, wen der Zeuge meinte. »Ich kannte ihn unter dem Namen Klaus.« Dylewski trägt den Vornamen Klaus.

Der israelische Zeuge Alex Rosenstock, wie Farber Dentist von Beruf und in Auschwitz als Häftlingspfleger tätig, belastete seinen ehemaligen Vorgesetzten Frank. Mindestens sechsmal habe er gesehen, wie Frank als SS-Arzt auf der Rampe Männer, Frauen und Kinder für den Tod in der Gaskammer aussonderte. Es seien jeweils tausend Menschen gewesen, die mit einem Transport ankamen. Davon mussten jeweils 900 den Weg in die Gaskammer antreten. Frank hat also nach den Aussagen dieses Zeugen mehr als 5.000 Menschenleben auf dem Gewissen.

Rosenstock machte seine Aussagen ruhig und bestimmt. Erst als er nach der Vereidigung aus dem Gerichtssaal ging, brach die seelische Erschütterung durch. Der Zeuge schwankte, begann lautlos zu weinen und musste aus dem Saal geführt werden. Draußen brach er zusammen.

Am 5. Oktober trat zum ersten Mal ein Mann in den Zeugenstand, der in Auschwitz einem Todeskommando angehört hat, und zwar dem Sonderkommando im alten Krematorium des Stammlagers, das nach den Vergasungen die Leichen verbrennen musste. Die Haare des Zeugen sind grau, obwohl er erst 42 Jahre alt ist. Filip Müller aus Prag berichtete beklemmende Einzelheiten von seinen Eindrücken vor und nach den Vergasungen. Noch nie hat jemand in diesem Prozess von diesen Dingen erzählt. Wenn die Türen der Gaskammer geöffnet wurden, standen die Leichen nach seiner Schilderung dicht gedrängt vor den Ventilatoren. »Sie waren im Stehen gestorben. Eine Mutter hielt noch ihr Kind an der Brust, auf dem Boden lagen grüne Kristalle. Es roch etwas nach Mandeln. Dann kam Stark und trieb uns an, die Öfen zu entschlacken.« Stark ist einer der Angeklagten. Er befand sich bis vor wenigen Monaten noch auf freiem Fuß.

Müller berichtete, Stark habe mehrere Häftlingskameraden, die vor Erschöpfung zusammengebrochen seien, kaltblütig mit der Pistole erschossen. Haarsträubend, wie Stark nach der Schilderung des Zeugen vor Vergasungen gewütet hat. Einmal habe sich ein Mann unter den Kleidern der Gaskammeropfer versteckt. »Stark entdeckte ihn und stellte ihn an die Wand. Zunächst schoss er ihm in das eine Bein und dann in das andere. Anschließend setzte Stark den Verletzten auf einen Koffer und erschoss ihn.« Etwa zehn- bis elftausend Menschen hat Stark nach Müllers Angaben innerhalb von sechs Wochen in die Gaskammern getrieben und vergast. Dieses Ungeheuer in Menschengestalt war vor dem Auschwitz-Prozess Lehrer an einer Landwirtschaftsschule in Lövenich (Weiden [heute ein Stadtteil von Köln]).

## Angeklagte wollen nicht zurück an den Tatort

*30. November 1964*

Nun besteigt der Angeklagte Robert Mulka wieder jeden Freitag den Trans-Europa-Express und fährt bequem per Erster Klasse von Frankfurt nach Hamburg, wo er sich übers Wochenende der Familie und seinen Geschäften als begüterter Exportkaufmann widmet. Seine familiären Bindungen und die von ihm hinterlegte Kaution in der Höhe von 50.000 DM schließen nach Meinung des Gerichts Fluchtgefahr aus. Der Haftbefehl gegen ihn wurde ausgesetzt.

Mulka ist der Hauptangeklagte im Auschwitz-Prozess. Er war in der Todesfabrik Adjutant des Lagerkommandanten Höß. Vor einem halben Jahr erwirkte die Staatsanwaltschaft seine Inhaftierung, nachdem er von Zeugen des Mordes an drei Häftlingen beschuldigt worden war. Nun wurden diese Zeugen in der Hauptverhandlung gehört. Das Gericht sah ihre Aussagen nicht als präzise genug an und gab dem Antrag des Verteidigers auf Haftentlassung am 23. Oktober statt.

Diese Entscheidung kann nur mit gemischten Gefühlen zur Kenntnis genommen werden, da der Angeklagte ja nicht allein dieser drei Fälle wegen vor Gericht steht. Es ergaben sich bislang eine ganze Reihe schwer wiegender Belastungsmomente. So bekundeten mehrere Zeugen sehr glaubhaft, dass Mulka für die Fahrbereitschaft in Auschwitz verantwortlich war und in dieser Eigenschaft die Fahrbefehle für die Gaskammertransporte von der Rampe zu den Gifthöhlen unterzeichnete. Außerdem gaben Überlebende zu Protokoll, dass Mulka an Selektionen auf der Rampe teilgenommen habe. Seine Behauptung, von

Vergasungen nichts gewusst zu haben, löste sich in Schall und Rauch auf. Der Vorsitzende legte ihm ein Dokument vor, in dem Mulka darauf drängt, dass Häftlinge auch am Silvestertag 1943 zum Bau der Krematorien eingesetzt werden. Unter dem Druck präziser Zeugenaussagen musste der frühere Lageradjutant zugeben, einen Fahrbefehl zum Beschaffen von Zyklon B unterzeichnet zu haben. Zyklon B diente der Tötung von Menschen in den Gaskammern. Auf dem Schriftstück war dafür eine Tarnbezeichnung angegeben; der Fahrer sollte »Material für die Judenumsiedlung« holen. Auf die Frage, was er unter »Material« verstehe, hatte Mulka geantwortet: »Zyklon B«

Der Ostberliner Rechtsanwalt Professor Kaul, der einige Nebenkläger aus der DDR vertritt, hat gegen die Haftentlassung Mulkas Beschwerde beim Frankfurter Oberlandesgericht eingelegt. Er begründete sie unter anderem mit dem Hinweis auf die Flucht belasteter SS-Leute ins Ausland. Das widerspreche der Annahme des Gerichts, Mulka werde auf Grund seiner familiären Bindungen nicht das Weite suchen.

Im weiteren Verlauf der Verhandlung lehnte das Gericht den Antrag des Nebenklagevertreters Ormond auf Abhaltung eines Lokaltermins in Auschwitz ab. Es zog damit die Konsequenz aus der Weigerung aller inhaftierten Angeklagten, zu einem Lokaltermin nach Polen zu fahren. Die Verteidiger hatten argumentiert, die Beschuldigten könnten nicht gezwungen werden, an einer solchen Reise teilzunehmen. Dies würde gegen die Verfassung der Bundesrepublik Deutschland verstoßen, der zu Folge niemand gegen seinen Willen ins Ausland gebracht werden darf. Somit ergibt sich die groteske Situation, dass dieselben Leute, die einst als Nazianhänger den demokratischen Rechtsstaat hasserfüllt bekämpft und abgeschafft haben, heute von dessen Segnungen profitieren.

Diese Sachlage veranlasste Ormond, vorsorglich einen Ergänzungsantrag zu stellen. Er verlangte, einen beauftragten Richter zu einer Ortsbesichtigung nach Auschwitz zu entsenden. In diesem Sinne entschied denn auch das Gericht. Wer von den Richtern die Ortsbesichtigung vornehmen wird, ist noch nicht bekannt. Fest steht allerdings, dass er nicht allein fahren wird. Alle vier Staatsanwälte sowie die drei Vertreter der Nebenkläger werden ihn begleiten. 18 der 22 Verteidiger haben ebenfalls angekündigt, mit nach Auschwitz fahren zu wollen. Von den

sieben nicht inhaftierten Angeklagten will nur einer mitreisen: der ehemalige SS-Arzt Dr. Lucas, über den bisher ebensoviel Schlechtes wie
Gutes ausgesagt worden ist. Insgesamt dürfte die Gruppe aus etwa 30
Personen bestehen. Wann sie ihre Reise antritt, ist offen. Zunächst muss
zwischen Polen und der Bundesrepublik Deutschland eine Vereinbarung geschlossen werden, die richterliche Handlungen eines Deutschen
in Polen offiziell gestattet.

Der Leiter der Voruntersuchung, der Frankfurter Landgerichtsrat
Dr. Düx hat als Zeuge vor Gericht die Zweckmäßigkeit einer Ortsbesichtigung bejaht. Auf Befragen des Vorsitzenden bestätigte Düx, der
inzwischen privat einen Besuch in Auschwitz gemacht hat, alle bisher
von ehemaligen Häftlingen gemachten Aussagen hinsichtlich der Mög-
lichkeit, von diesem oder jenem Block Exekutionen an der Schwarzen
Wand zu beobachten. Das kann für mehrere Angeklagte schwer wie-
gende Folgen haben.

Unterdessen erlebte der Auschwitz-Prozess ein makabres Jubiläum;
den 100. Verhandlungstag. Er ist damit schon jetzt der längste je vor
einem deutschen Gericht geführte Prozess. Die Beweisaufnahme wird
kaum bis Jahresende abgeschlossen sein. Wie sehr sich das Gericht in
Terminnot sieht, geht daraus hervor, dass der Vorsitzende schon jetzt
festgelegt hat, an welchen Tagen um die Jahreswende herum verhandelt werden soll. Danach ist sogar ein Tag zwischen Weihnachten und
Neujahr, nämlich der 28. Dezember, als Verhandlungstag vorgesehen.
Obwohl das Gericht bereits zu verstehen gab, dass mit neuen Beweis-
anträgen kurz getreten werden solle, hat die Staatsanwaltschaft weitere
Belastungszeugen benannt.

Seit meinem letzten Bericht traten insgesamt 21 Zeugen auf, darunter
einige Entlastungszeugen aus den Reihen der SS und der Wehrmacht.
Ehemalige Häftlinge erhoben gegen dreizehn der zwanzig Angeklagten
neue schwere Beschuldigungen. Verweilen wir zunächst bei einem der
SS-Zeugen. Am 107. Verhandlungstag vernahm das Gericht den ehemaligen SS-Obersturmbannführer Johannes Thümmler, ab Herbst
1943 Chef der Staatspolizeileitstelle Kattowitz und Vorgesetzter des
Angeklagten Boger. Ungeachtet seiner früheren hohen Stellung spielte
Thümmler vor Gericht den Unwissenden. Er konnte sich nicht einmal

mehr daran erinnern, dass über dem Lagertor der höhnische Spruch stand »Arbeit macht frei«.

Von der berüchtigten Schwarzen Wand, an der die von ihm verhängten Todesurteile vollstreckt wurden, hatte er angeblich keine Ahnung. Nach eingehender Befragung durch Rechtsanwalt Raabe musste Thümmler schließlich zugeben, dass seine Dienststelle die sachlichen Weisungen an den Leiter der Politischen Abteilung im Lager Auschwitz herausgegeben und damit die Arbeit mehrerer Angeklagter mitbestimmt hat.

Dieser offensichtlich schwer belastete Mann, der wegen des Verdachts der Beteiligung an Verbrechen unvereidigt blieb, hat heute einen leitenden Posten bei einem großen Unternehmen inne, dessen Namen er wohlweislich verschwieg. Ebenfalls unvereidigt blieb der Kasseninspektor Broch, der den Prozessbeteiligten weismachen wollte, er habe aus der Bezeichnung »KL Auschwitz« herausgelesen, dass dies »Kraftfahrzeuglehrgang Auschwitz« hieß.

Einen weiteren erschütternden Bericht über die Erschießungen an der Schwarzen Wand gab die Häftlingsschreiberin Erna Krafft. Durch ein Astloch in der hölzernen Fensterverschalung im Block 10 konnte sie die Vorgänge auf dem Hof zwischen diesem Block und dem Block 11 beobachten. Sie sah einige SS-Leute mit angelegtem Gewehr und einen Berg nackter Männerleichen. Unter den SS-Leuten habe sich der Angeklagte Stark befunden. Nach der Exekution sei Stark pfeifend durch das Lager gegangen. Die Zeugin erkannte im übrigen den Angeklagten Stark an der Stimme wieder. »Nur die Tonart hat sich gemildert«. Von dem Angeklagten Boger sagte sie, er habe sie einmal mit einer Peitsche ins Gesicht geschlagen. »Sollte Boger einmal frei werden und ich noch leben, dann bekommt er die Peitschenhiebe zurück.«

In Gestalt des Lehrers Jehuda Bacon von der Kunstakademie in Jerusalem stand ein Zeuge vor Gericht, der als 14-Jähriger zusammen mit anderen Kindern in Auschwitz vor einen Pferdewagen gespannt wurde, mit dem im Winter die Asche der vergasten und verbrannten Häftlinge aus dem Krematorium geholt wurde. »Wir mussten die Asche auf die vereisten Wege schütten«, berichtete er. Seine weiteren Aussagen zeigten, dass Überlebende von manchen Angeklagten ein unterschiedliches Bild in Erinnerung haben. Baretzki beispielsweise, der von den erwachsenen Häftlingen wegen seiner brutalen Misshandlungen gefürchtet war, habe sich, ebenso wie der Angeklagte Bednarek, den Kindern gegenüber »milde« benommen.

Schwer belastet wurden dagegen die Angeklagten Klehr, Boger, Scherpe, Stark, Kaduk, Breitwieser und Baretzki durch den sowjetischen Gymnasiallehrer Pjotr Mischin. Er beschuldigte sie der Teilnahme an Selektionen, der Ermordung einzelner Häftlinge und zahlreicher anderer Grausamkeiten. Mischin ist einer von den 150 sowjetischen Kriegsgefangenen, die von 13.000 nach Auschwitz verbrachten russischen Kriegsgefangenen übrig blieben. Sie seien dort ab 1944, als sich die Lage an der Front veränderte, so etwas wie »Museumsstücke« gewesen.

Eine bisher noch nie gehörte Scheußlichkeit legte der russische Hütteningenieur Pavel Stenkin dem Angeklagten Schlage zur Last. Er habe einen sowjetischen Gefangenen namens Kostin Ende November 1941 gefesselt und mit der Faust zu Boden geschlagen. Dann habe er ihm eine Schlinge um den Hals gelegt und zwei im Lager wahnsinnig gewordene Häftlinge gezwungen, die Schnur zuzuziehen. Als es nicht gelang, den Gefangenen auf diese Weise zu töten, erschlug ihn Schlage.

Erwähnt sei abschließend noch die Einvernahme des Dekans der juristischen Fakultät der Universität Leningrad, Professor Nikolaj Alexejew, der dem Gericht neue Dokumente übergab. Darin geht es unter anderem um die Mitschuld des IG-Farben-Konzerns an dem Geschehen in Auschwitz.

## Die »kleinen Rädchen« der Vernichtungsmaschine

*31. Dezember 1964*

Obwohl der Prozess nun schon ein Jahr alt ist, zieht der Angeklagte Kaduk noch immer am Morgen eines jedes Verhandlungstages seine kleine »Privatshow« ab. Während die anderen Angeklagten sich beim Aufruf ihres Namens durch den Vorsitzenden nur leicht vom Sitz erheben und eine kleine Verbeugung machen, schnellt Kaduk jedes Mal von seinem Klappstuhl hoch, reißt beide Schultern zurück und legt die Hände mit ausgestreckten Fingern an die Hosennaht.

Es bleibt das Geheimnis des Trunkenbolds von Auschwitz, der einst im Rausch die schlimmsten Verbrechen beging, wem er nachträglich durch das demonstrative Hervorkehren soldatischer Haltung imponieren will. Vielleicht möchte er den »Ehemaligen« bekunden, wie stark die Erziehung in der SS bei ihm gewirkt hat. Seine Verbundenheit mit den früheren SS-Angehörigen erstreckt sich indes nicht ausnahmslos auf alle einstigen Mitglieder der »Garde, die der Führer liebt«. Während der jüngsten Verhandlungstage machte Kaduk seinem Ärger darüber Luft, dass er als »kleiner Hansl« vor Gericht steht, während die Schreibtischmörder unbehelligt blieben. Er sagte wirklich Schreibtischmörder.

Auch der Angeklagte Boger, der das Prozessgeschehen ansonsten wie ein Felsblock an sich vorbeirauschen lässt, gab unlängst zu verstehen, dass er sich zu Unrecht verfolgt fühle. Im Zusammenhang mit der Behandlung des Verfahrens, das während der Nazizeit gegen den einstigen Gestapoleiter von Auschwitz, Grabner, eingeleitet worden war, räsonierte Boger: »Damals wie heute stehen nur die kleinen Hasen vor Gericht.«

Überhaupt hat man den Eindruck, dass es den Angeklagten auch nach 121 Verhandlungstagen und der Einvernahme von mehr als 250 Zeugen noch immer an jeder Einsicht in ihre Schuld fehlt; von Zeichen der Reue ganz zu schweigen. Sie bestreiten alle Vorwürfe, bezichtigen Zeugen der Lüge oder behaupten zumindest, die Zeugen irrten sich. Zwei von ihnen hat diese Taktik allerdings nicht davor bewahrt, wieder in Haft genommen zu werden: den Hauptangeklagten Mulka und den ehemaligen Angehörigen der Lagergestapo Broad.

Mulka war schon einmal während der Hauptverhandlung verhaftet worden; in meinem jüngsten Bericht habe ich seine zwischenzeitliche Freilassung erwähnt. Broad dagegen befand sich während des gesamten Prozesses auf freiem Fuß. Allerdings war er davor schon einmal kurze Zeit in Haft. Nun sah das Gericht in beiden Fällen die jeweils hinterlegte Kaution von 50.000 Mark nicht als ausreichende Garantie dafür an, dass sich die zwei Angeklagten wegen der zu erwartenden Strafe nicht doch aus dem Staub machen.

Damit sind von den insgesamt 20 Angeklagten nur noch – oder
sollte man sagen: immer noch? – fünf in Freiheit: der ehemalige Adjutant des Lagerkommandanten, Höcker, der »Desinfektor« Breitwieser,
der SS-Mann Schoberth und die beiden früheren SS-Ärzte Dr. Schatz
und Dr. Lucas. Der zuletzt Genannte darf dem Ausgang des Verfahrens
nicht ohne Hoffnung entgegensehen. In den letzten Tagen kamen zahlreiche Zeugen zu Wort, die ihn entlasteten. Zwar besteht noch immer
der Vorwurf, Lucas habe sich an Selektionen auf der Rampe beteiligt,
andererseits aber scheint sicher zu sein, dass der Arzt kranken Häftlingen geholfen hat und dass er sich in seinem ganzen Wesen von anderen
SS-Ärzten unterschied.

Lucas fuhr übrigens als einziger Angeklagter mit zur Ortsbesichtigung nach Auschwitz, die von einem beauftragten Richter vorgenommen wurde. Außerdem beteiligten sich drei Staatsanwälte, drei
Nebenklagevertreter, elf Verteidiger, zwei Justizwachtmeister und ein
Polizeifotograf. Die in Auschwitz gewonnenen Erkenntnisse werden
dazu beitragen, Zeugenaussagen richtig zu werten. Seit meinem letzten
Bericht wurden 41 Zeugen aufgerufen, unter ihnen 28 ehemalige Insassen des Todeslagers und 15 andere Zeugen, die zum Teil früher der
SS angehörten. Zur letzten Kategorie gehört der ehemalige SS-Sturm-
bannführer und SS-Richter Dr. Werner Hansen, jetzt Rechtsanwalt in
Frankfurt. Seine Einvernahme erbrachte hinsichtlich der Angeklagten
nichts wesentlich Neues. Aber am Beispiel dieses SS-Richters lässt sich
ablesen, wie groß der Kreis der indirekt Schuldigen tatsächlich ist.

Hansen sollte während der NS-Zeit in Weimar einen Prozess gegen
den Leiter der Auschwitzer Lagergestapo Grabner führen. Wie das
Verfahren zustande kam, ist nicht ersichtlich. Jedenfalls wurde Grabner beschuldigt, 2.000 Menschen ermordet zu haben. Bald wurde dem
Richter Hansen aber bedeutet, dass in Auschwitz noch ganz andere
Dinge geschehen, und zwar auf Weisung höchster Stellen. Hansen erfuhr also, dass Verbrechen geschahen, die eigentlich hätten geahndet
werden müssen. Ungeachtet dessen setzte er nicht nur das Verfahren
gegen Grabner aus, sondern er unternahm auch nichts, um die anderen
Mörder zu belangen. Ich sprach darüber mit Journalistenkollegen. Sie
fragten mich: »Was hätte der Mann tun sollen?« Eine berechtigte Frage,

aber selbst wenn man die damaligen Verhältnisse in Rechnung stellt, entschuldigen sie nicht das moralische und menschliche Versagen. Und weil so viele moralisch und menschlich versagten, konnte das Entsetzliche geschehen. Die Nachwelt wird Auschwitz geistig nicht überwinden, wenn sie daraus keine Lehren zieht.

Es gibt hierzu ein weiteres Beispiel. Am 116. Verhandlungtag wurde der Bundesbahnoberinspektor Willi Hilse gehört. Er war im Sommer 1944, zu einer Zeit also, als in unablässiger Folge die Todestransporte aus Ungarn eintrafen, stellvertretender Leiter der Güterabfertigung im Bahnhof von Auschwitz. Seinen Angaben zufolge fertigte er – »wagendienstlich gesehen« – 120 Transporte ab, mit denen insgesamt ungefähr 360.000 Menschen in das Todeslager geschafft wurden. Machte Hilse sich darüber Gedanken? Gewiss doch: Er brachte einmal einen Krug Wasser an einen Waggon, aus dem eine Frau um Wasser gerufen hatte. Aber er blieb auf seinem Posten, sichtete die Frachtbriefe, zählte die Waggons und registrierte die Zahl der Insassen, »denn die Zahl der Personen war ja wichtig für die Abrechnung bei der Wehrmacht«.

Dass die unglücklichen Menschen in ein Vernichtungslager kamen, das wusste dieser pflichtbewusste Eisenbahnbeamte, aber er sah keine Veranlassung, seine Tätigkeit als kleines Rädchen der großen Vernichtungsmaschine aufzugeben. Das Gericht musste eigens darüber beraten, ob Hilse wegen des Verdachts der Mittäterschaft vereidigt werden sollte oder nicht. Die Entscheidung fiel dann zu seinen Gunsten aus. Wohin sollte es auch führen, wenn der Kreis der Mitschuldigen so weit gezogen würde...

Mit welchen Problemen das Frankfurter Schwurgericht sich herumschlagen muss, verdeutlichte die Einvernahme des ehemaligen SS-Rottenführers in der Auschwitzer Politischen Abteilung, Josef Hofer. Hofer hatte während der Voruntersuchung sehr detaillierte Aussagen gemacht und dabei seinen früheren Vorgesetzten, den Angeklagten Hans Stark, erheblich belastet. Hofer musste auf der Rampe in Auschwitz die angekommenen Opfer zählen. Auch so ein »kleines Rädchen«. Jetzt vor Gericht wusste er rein gar nichts mehr. »Es lief alles automatisch und war so ziemlich geheim.« Wenn in seiner früheren Aussage mehr stehe, dann stamme das nicht von ihm.

Rechtsanwalt Raabe bezeichnete Hofers Verhalten als Skandal. »Die Verhandlung wird zur Farce, wenn wir uns das bieten lassen.« Kurz entschlossen lud das Gericht den damaligen Untersuchungsrichter Dr. Düx als Zeugen. Er bestätigte, dass Hofer zu jenen SS-Angehörigen zählt, die in der Voruntersuchung am meisten ausgesagt haben. Da erst ließ der Gedächtnisschwund des Zeugen etwas nach. Wegen des Verdachts, an den Verbrechen in Auschwitz beteiligt zu sein, blieb er unvereidigt.

Von den Aussagen ehemaliger Häftlinge, deren Schilderungen das Bild des Grauens um weitere Schattierungen ergänzten, seien hier jene herausgegriffen, die zur erneuten Inhaftierung der Angeklagten Mulka und Broad führten. Der Zeuge Ota Fabian aus der Tschechoslowakei hatte als Leichenträger in Auschwitz mehr als andere Häftlinge Gelegenheit, Massenmorde zu beobachten. Bei einer Gegenüberstellung mit Broad erkannte er in ihm den SS-Mann, der Häftlinge an der Schwarzen Wand erschoss. Im Sommer 1944 seien am Schluss einer Massenexekution auch Frauen erschossen worden. Broad habe sich vorgedrängt und gesagt: »Lasst sie mir, es ist eine junge.« Er erschoss die junge Frau und neben ihr noch viele andere. Aus den Leichen dieser Frauen seien anschließend große Fleischstücke herausgeschnitten worden, offenbar zu experimentellen Zwecken.

Der Zeuge Dr. Rudolf Vrba aus England berichtete, Mulka bei Selektionen auf der Rampe gesehen zu haben. Zwei SS-Leute hätten einmal einen Häftling zu Mulka gebracht, der Verbindung zu neu Angekommenen gesucht habe. Mulka habe ihnen befohlen: »Macht ihn fertig, es ist schon spät.«

## Das Wiesel mit dem Mopsgesicht

*31. Januar 1965*

Er ist klein, seine Gestalt wirkt gedrungen und kompakt, die Bewegungen sind wieselhaft. Seines Gesichtes wegen nannten ihn die Häftlinge »Mops«; ein Wiesel mit Mopsgesicht. Ich spreche von dem ehemaligen Leiter der Apotheke in Auschwitz, Dr. Victor Capesius. Die Anklage wirft ihm vor, Gaskammeropfer ausgesucht zu haben und am Tode mehrerer Häftlinge mitschuldig zu sein, denen ein von Capesius zusammengebrauter Betäubungstrank eingeflößt worden ist. Der Apotheker wollte an den wehrlosen Menschen ein Medikament erproben, das Häftlinge bei Vernehmungen durch die Lagergestapo aussagebereit machen sollte.

Capesius muss – soweit eine solche Charakterisierung überhaupt dazu angetan ist, das Bild der Beschuldigten im Auschwitz-Prozess weiter abzurunden – als die zwielichtigste Figur unter den Angeklagten bezeichnet werden. Das hängt unter anderem mit dem in Auschwitz geraubten Zahngold zusammen. Mehrere Zeugen haben ausgesagt, dass das Gold bei Capesius abgeliefert werden musste. Die Vermutung liegt nahe, dass er das eingeschmolzene Gold über das Kriegsende hinweg gerettet hat.

Obwohl früher in Rumänien ansässig, von wo er bei seiner Einbürgerung in Westdeutschland kaum größere materielle Werte mitgebracht haben könnte, besaß er dennoch genug Geld, um in der württembergischen Stadt Göppingen eine moderne Apotheke und in der Nähe des Bodensees einen attraktiven Schönheitssalon eröffnen zu können. Jedenfalls standen ihm ausreichende Mittel zur Verfügung, um Zeugen für den Fall einer günstigen Aussage eine stattliche Belohnung versprechen zu können.

Zum wiederholten Male wurde jetzt im Prozess der Name Eisler genannt. Ein Mann dieses Namens hat vor Prozessbeginn als Zeugen benannte Personen aufgesucht und sie gefragt, ob sie sich nicht des Apothekers Capesius entsännen. Dieser Eisler soll dann die Betreffenden »durch die Blume« aufgefordert haben, entlastende Angaben zu machen – es werde ihr Schaden nicht sein. Von 50.000 Mark war die Rede, mit denen Eisler heimlich gewinkt haben soll.

Einer der so bearbeiteten Zeugen wurde am 124. Verhandlungstag von der Verteidigung des Angeklagten im Gerichtssaal präsentiert. Die Staatsanwaltschaft nimmt an, dass der Capesius-Freund Eisler unzulässigen Kontakt mit ihm aufgenommen hat. Der Mann heißt Hans Gottlieb Stoffel. Nur der Nachsicht des Vorsitzenden verdankt er es, dass er um eine Anzeige wegen Meineids herum kam. Folgendes geschah:

Stoffel hatte zugegeben, sich mit Eisler getroffen zu haben, aber nur einmal, und zwar auf dem Münchner Hauptbahnhof. Dabei sei vereinbart worden, dass er alles niederschreibe, was er über Capesius wisse. Ein

Jahr später habe er seine Notizen an Eisler geschickt, mit der Bitte, sie an Capesius weiter zu leiten. Zum Unglück für Stoffel wurde am selben Tag auch seine Ehefrau Hildegard als Zeugin gehört, und die wusste einiges mehr. Ihrer Aussage zufolge hat Eisler Stoffel auch einmal eine Einladung zur Jagd überbracht. Daraufhin seien ihr Mann und ihr Sohn für fünf oder sechs Tage zur Jagd nach Österreich gefahren.

Diese Darstellung erregte beträchtliches Aufsehen. Die Staatsanwaltschaft fragte den noch anwesenden Ehemann Hildegard Stoffels: »Wem gehörte diese Jagd?« Und Hans Gottlieb Stoffel antwortete: »Der Pächter war Dr. Capesius.« Da Stoffel vorher beschworen hatte, sich nur einmal mit Eisler getroffen zu haben, kam es zu dem erwähnten Vorwurf des Meineides. Anscheinend hielt der Vorsitzende den Widerspruch für unerheblich, jedenfalls bekam Stoffel Gelegenheit, sich herauszureden. Seine Frau assistierte ihm: »Mein Mann vergisst immer alles Private.«

Nicht vergessen hatte Stoffel dagegen, dass Capesius an bestimmten Wochenenden – es waren ausgerechnet solche, an denen er von überlebenden Auschwitzhäftlingen bei Selektionen an der Rampe gesehen worden ist – auf seinem Gut in der Nähe des Vernichtungslagers zu Besuch gewesen sei. Stoffel wohnte früher in Rumänien. Als Anerkennung für seine politische Haltung als Volksdeutscher hatten ihm die NS-Machthaber etwa vierzehn Kilometer von Auschwitz entfernt ein Gut zur Verfügung gestellt.

Es fällt nicht schwer zu begreifen, dass die Aussage des Zeugen Stoffel, Capesius könne an den Selektionen nicht beteiligt gewesen sein, da er sich zur fraglichen Zeit bei ihm aufgehalten habe, in Anbetracht der Einladung zur Jagd und der Kontaktaufnahme mit dem ominösen Herrn Eisler nur wenig Gewicht haben kann. Stoffels Auftreten vor Gericht hat ungewollt dazu beigetragen, das negative Bild des Angeklagten Capesius, der sich seit Prozessbeginn in Untersuchungshaft befindet, weiter abzurunden.

Weiter verschlechtert hat sich auch die Lage des Angeklagten Robert Mulka. Während der Ortsbesichtigung in Auschwitz, über deren Resultate inzwischen in der Hauptverhandlung berichtet worden ist, hatte die Staatsanwaltschaft neue Dokumente gefunden, die den ehemaligen Adjutanten des Lagerkommandanten stark belasten. Sie bestätigen, dass

Mulka in Auschwitz eine Schlüsselstellung innehatte und keineswegs, wie
er glauben zu machen versucht hat, nur Urlaubsscheine unterschrieb. Seine Position wurde auch durch eine Reihe weiterer Umstände erschüttert.

Nebenklagevertreter Kaul hatte beantragt, zehn weitere Dokumente
zu verlesen. Sie betreffen allesamt Mulka und besagen unter anderem,
dass der Angeklagte im Gegensatz zu seinen bisherigen Beteuerungen
sehr wohl über den ganzen Umfang der in Auschwitz während seiner
Anwesenheit begangenen Massenverbrechen Bescheid gewusst hat.
Den Dokumenten zufolge war er unter anderem als Stabsführer der
SS für verschiedene Aufgabenbereiche zuständig, so unter anderem
für das Verhalten der SS-Wachmannschaften bei Fluchtversuchen von
Häftlingen.

Mulka wurde vom Vorsitzenden gebeten, die Bezeichnung Stabsführer zu erläutern. Aber der stellte sich dumm. »Ich kenne den Begriff eines
Stabsführers überhaupt nicht«, behauptete er. Auch der Hinweis, dass
das entsprechende Dokument seine Unterschrift trage, bewog Mulka
nicht zur Änderung seiner Aussage. Schließlich präsentierte die Staatsanwaltschaft ein Dokument, das sie nach ihrer Darstellung ursprünglich
erst später vorlegen wollte. Darin heißt es, dass Mulka »mit sofortiger
Wirkung die Stellung eines Stabsführers im KZ Auschwitz übernimmt«
und in dieser Eigenschaft »die gesamten Dienstgeschäfte des Komman-
danturstabes leitet«.

Sarkastisch bemerkte der Vorsitzende Hofmeyer: »Da haben Sie
die Erklärung, Herr Mulka, was Stabsführer ist.« Aber noch immer versuchte der Angeklagte, sich aus der Affäre zu ziehen. Die Unterschrift
unter dem Dokument sei seiner »nicht sehr ähnlich«, argumentierte er.
Da legte Professor Kaul ein weiteres Dokument vor, das Mulkas Unterschrift trägt. Diesen Namenszug erkannte er als den seinen an, worauf
der Vorsitzende sagte: »Nun, da heißt es ebenfalls Stabsführer.« Damit
war der klägliche Versuch des einstigen Herrenmenschen, sich vor der
Verantwortung zu drücken, vollends gescheitert und seine Glaubwürdig-
keit zu einem kümmerlichen Rest zusammen geschrumpft.

Auch bei anderer Gelegenheit entpuppte Mulka sich als jemand, der
mit der Wahrheit auf Kriegsfuß steht. Bei einer eindringlichen Befragung
durch Landgerichtsrat Hummerich, der sich durch seine profunde Sach-

kenntnis und seine Unerbittlichkeit bei der Erforschung der Wahrheit im Verlauf des Prozesses einen Namen gemacht hat, behauptete Mulka, niemals das von Stacheldraht umzäunte Lager in Auschwitz betreten zu haben, sondern sich nur im Kommandanturgebäude außerhalb des Stacheldrahts aufgehalten zu haben. Hummerich wollte nun wissen, was Mulka getan habe, wenn ein Häftling auf der Flucht erschossen wurde. An so einen Fall konnte sich der Angeklagte nicht erinnern. Sein Pech, dass die Staatsanwaltschaft in Auschwitz ein Wachbuch gefunden hat, das ihm jetzt vorgehalten wurde. Daraus geht hervor, dass Mulka in der Nacht zum 24. Januar 1942 Führer vom Dienst war, als ein sowjetischer Gefangener, der zu fliehen versucht hatte, durch sieben Schüsse getötet wurde. Als Führer vom Dienst – das ergab sich aus vorausgegangenen Aussagen – hatte er solche Vorkommnisse an die Kommandantur weiter zu melden, wusste also über solche Sachen Bescheid.

Von den Aussagen der vierzehn Zeugen, die seit meinem letzten Bericht vor Gericht gehört wurden, verdient die des 39-jährigen Kriminalobermeisters Alfred Aedtner aus Ludwigsburg besonders hervorgehoben zu werden. Aedtner war als Zeuge benannt worden, weil er während der Vorbereitung des Prozesses mehrere Beschuldigte verhört hat, darunter Stark, Broad und Dylewski, die der Lagergestapo angehört haben. Das Gericht wollte nun von ihm hören, in welcher Weise sich die Betreffenden damals ausließen, da sie inzwischen von ihren früheren Aussagen abgerückt sind.

Zu Stark wollte sich der Kriminalbeamte noch nicht äußern, weil zunächst das Gutachten eines sachverständigen Psychiaters abgewartet werden soll. Von Dylewski wusste er nicht viel zu berichten. Der habe damals kaum Aussagen gemacht. Anders dagegen Broad. Er sei sehr mitteilsam gewesen und habe sogar eingeräumt, nicht mit Sicherheit ausschließen zu können, sich an Erschießungen beteiligt zu haben. Nach dem Wortlaut des Vernehmungsprotokolls erklärte Broad seinerzeit: »Spätestens 1943 habe ich erkannt, dass unsere Tätigkeit ein Verbrechen darstellte.«

Was die Mitarbeit in der Politischen Abteilung, also bei der Lagergestapo angeht, so bekannte sich Broad damals als schuldig. Der Zeuge Aedtner berichtete, Broad habe seine damals erfolgte Festnahme sozusagen mit einem Aufatmen hingenommen und erklärt: »Jahrelang habe ich schreckliche Dinge mit mir herumgetragen. Nun bin ich froh, dass sie mir abgenommen sind, in gewissem Sinne.«

Auf Vorhalt der Staatsanwaltschaft bestätigte der Zeuge auch die frühere Aussage Broads, der »Bunkerjakob«, ein Häftling, der zu Hilfsdiensten bei Erschießungen gezwungen wurde, habe sich einmal darüber beklagt, dass Broad ihn einmal beinahe in die Hand geschossen habe, als er Exekutionsopfer festhalten musste.

## Die große Schuld der IG Farben

*28. Februar 1965*

Müde schleppte sich die Beweisaufnahme in den letzten Verhandlungstagen dahin. Der Auschwitz-Prozess, inzwischen durch seine Länge, seinen Umfang und seinen Verhandlungsgegenstand zum »Prozess des Jahrhunderts« geworden, neigt sich seinem Ende zu. Doch ehe die Plädoyers der Staatsanwälte, der Nebenkläger und der Verteidiger beginnen, ist noch ein Höhepunkt zu erwarten, der diesen Prozess an einen Schnittpunkt zwischen Vergangenheit und Gegenwart führen wird. Sechs ehemalige Direktoren und leitende Angestellte der früheren I. G. Farbenindustrie AG sollen als Zeugen aussagen. Wie berichtet war dieses riesige deutsche Unternehmer Nutznießer des Elends und der Rechtlosigkeit Zehntausender Auschwitzhäftlinge, die in den Werken der I.G. Farbenindustrie Sklavenarbeit verrichten mussten, ehe sie als arbeitsunfähige wehrlose Opfer in der Gaskammer ermordet wurden.

Professor Friedrich Karl Kaul als Vertreter mehrerer Nebenkläger aus der DDR hatte am 8. Mai 1964 die Verlesung einiger Dokumente beantragt, die sich mit diesem Sachverhalt beschäftigen. Da diese Schriftstücke Äußerungen von noch lebenden Personen enthalten, stellte der Gerichtsvorsitzende Hans Hofmeyer dem Nebenkläger anheim, deren Ladung als Zeugen zu beantragen und dafür auf die Verlesung der Dokumente zu verzichten. So geschah es jetzt. Folgende Repräsentanten der I.G. Farbenindustrie sollen als Zeugen verhört werden:

• Carl Krauch, ehemals Vorsitzender des Aufsichtsrates der I.G. Farbenindustrie und Generalbevollmächtigter für Sonderfragen der chemischen Erzeugung im Rahmen des Vierjahresplanes.

• Heinrich Bütefisch, ehemals Mitglied des Vorstandes der I.G. Farbenindustrie. (Sein Namen stand 1964 im Mittelpunkt eines öffentlichen
  Skandals, der durch die Verleihung des Großen Bundesverdienst-
  kreuzes an ihn ausgelöst worden war. Bütefisch musste nach Ver-
  öffentlichungen über seine Mitschuld an der Häftlingsausbeutung
  in Auschwitz den Orden wieder zurückgeben. – Siehe das Kapitel
  »Die Ordensaffäre Bütefisch« in diesem Buch).
• Christian Schneider, ehemals Mitglied des Vorstandes der I. G. Far-
  benindustrie.
• Gustav Murr, ehemals Bauleiter für das Werk Auschwitz der I. G.
  Farbenindustrie.
• Walther Dürrfeld, ehemals Direktor des Werkes Auschwitz der I. G.
  Farbenindustrie.
• Martin Roßbach, ehemals Personalsachbearbeiter im Werk Ausch-
  witz der I. G. Farbenindustrie.
• Außerdem wurde der frühere britische Kriegsgefangene Charles
  Josef Coward als Zeuge angefordert, der im Kriegsgefangenenlager
  Monowitz war, dem Standort eines Unternehmens der I. G. Farben-
  industrie.

Sie alle sollen zur Verflechtung des Lagers Auschwitz mit wirtschaftli-
chen Interessen Stellung nehmen und über die Lebensbedingungen der
Häftlinge in Auschwitz und den angegliederten Nebenlagern berichten.
Ferner geht es um die im Lager Monowitz durchgeführten Aussonde-
rungen nicht mehr arbeitsfähiger Häftlinge, die von den ehemaligen
Adjutanten und jetzigen Angeklagten Mulka und Höcker angeordnet
wurden, und zwar als Ergebnis von Vereinbarungen zwischen der I. G.
Farbenindustrie und der SS.

Diesen Vereinbarungen zufolge war die SS verpflichtet, die Arbeits-
kräfte-Anforderungen des Unternehmens in vollem Umfang zu erfüllen.
Die IG-Farben hatte ihrerseits das Recht, alle von ihr als nicht voll
arbeitsfähig angesehenen Häftlinge an die SS zurück zu geben. Für
kranke Häftlingsarbeiter brauchte sie nicht länger als vierzehn Tage zu
zahlen. Gehört werden sollen die Zeugen auch zu den Feststellungen im
IG-Farben-Urteil des Militärtribunals IV der USA vom 30. Juli 1948.
Es enthält unter anderem Einzelheiten über die Errichtung und den

Betrieb des Buna-Werkes der IG-Farben in Auschwitz und über das der IG gehörende Kohlebergwerk Fürstengrube.

Die Häftlinge, die in diesen Werken arbeiten mussten, lebten laut Nürnberger Urteil »unter dem Schatten der Liquidierung«. Die von der SS zur Verfügung gestellten Arbeitssklaven kosteten die I.G. Farbenindustrie nur ein Trinkgeld. Für einen Häftlingsfacharbeiter, der täglich elf und mehr Stunden arbeiten musste, brauchte sie nur vier Mark pro Tag zu bezahlen, für einen Hilfsarbeiter gar nur drei Mark. In welchem Umfang Häftlinge eingesetzt wurden, verdeutlicht ein Forderungsnachweis von Oktober 1943. In diesem Monat zahlte die I.G. für Sklavenarbeiter 488.949 Reichsmark an die SS.

Der frühere Direktor der IG-Farben Dürrfeld soll sich zu einem Dokument äußern, das Angaben über eine Besprechung zwischen ihm und dem Auschwitz-Kommandanten Höß enthält. Das Gespräch fand am 14. Mai 1942 statt. Dabei wurde der Adjutant von Höß – zu jener Zeit war dies der Angeklagte Mulka – dafür verantwortlich gemacht, dass der I.G. Farbenindustrie »unter allen Umständen« 4.500 Häftlinge zur Verfügung gestellt würden. Während des bisherigen Verhandlungsverlaufs haben Zeugen ausgesagt, kranke Häftlinge, die ihre Arbeit in den Betrieben der I.G. nicht mehr verrichten konnten, seien in der Regel bei Selektionen für den Tod in der Gaskammer ausgesondert worden.

So sorgte die I.G. Farbenindustrie indirekt ständig für Nachschub am Krematorium. Einige der Verantwortlichen für die Ausbeutung von Auschwitzhäftlingen durch Sklavenarbeit wurden im Nürnberger IG-Farben-Prozess zu Gefängnisstrafen verurteilt. Aber sie kamen wie viele andere auch im Gefolge der deutschen Wiederbewaffnung rasch wieder frei und wurden so zum zweiten Mal Nutznießer »deutscher Größe«. Die meisten von ihnen nehmen inzwischen wieder leitende Stellungen im Wirtschaftsleben ein. Sie haben ihre Vergangenheit »bewältigt«, aber das Volk als Ganzes wird sie so lange nicht bewältigen, solange die Gerechtigkeit um die industriellen Mitverantwortlichen für das Geschehen während der NS-Zeit einen Bogen macht. Hier ist jener Schnittpunkt zwischen Vergangenheit und Gegenwart, von dem ich eingangs sprach.

Die Verantwortung dieses Personenkreises bewegt sich in anderen Bahnen als die der Angeklagten in diesem Prozess: hier die Vollstrecker der Mordbefehle einer wahnwitzigen Führung, dort die Nutznießer einer verbrecherischen Politik. Aber alle miteinander waren sie beteiligt an dem größten Komplott gegen die Humanität.

Natürlich versuchen die Verteidiger der Angeklagten, die Last der Schuld ihrer Mandanten zu verringern. In dieser letzten Phase der Beweisaufnahme erscheinen hauptsächlich Zeugen der Verteidigung vor Gericht. Es würde zu nichts führen, ihre Aussagen im einzelnen zu schildern. Zum Teil handelt es sich um Leute, die von Freunden der Angeklagten zu günstigen Aussagen bewogen wurden – der Name des ominösen Herrn Eisler, der im Auftrag des Angeklagten Capesius durch die Lande reist, um entlastende Angaben zu sammeln, ist abermals aufgetaucht –, zum Teil treten Personen auf, die selbst an dem verbrecherischen Geschehen beteiligt waren und deshalb bestrebt sind, alles zu bagatellisieren. Sie wissen genau, dass sie sich selbst entlasten, wenn sie die Angeklagten in diesem Prozess nicht belasten. So trat zum Beispiel der ehemalige »Spieß« beim Standortarzt in Auschwitz, Wilhelmy, auf. Er muss viel gesehen haben in Auschwitz, und er hat auch viel gesehen. Viele Namen von SS-Männern, die sich an Vergasungen oder Erschießungen beteiligten, hat Wilhelmy, gegen den selbst ein Verfahren läuft, dem Gericht genannt. Aber es handelt sich ausnahmslos um Tote, die sich nicht mehr gegen die Vorwürfe des einstigen Kameraden wehren können.

Gelegentlich treten auch ehemalige Häftlinge in den Zeugenstand, die Gutes über diesen oder jenen Angeklagten berichten. Ungewollt bestätigen sie die Erfahrung, dass es keinen Auschwitzer SS-Mann gibt, der nicht von sich sagen könnte, er habe einem Häftling das Leben gerettet. Derselbe SS-Mann aber, der hier – vielleicht aus einer Laune heraus – ein Menschenleben rettete, hatte keine Bedenken, hundert oder tausend andere dem Tode zu überantworten.

Nicht immer geht es den Verteidigern nur darum, ihre Mandanten »herauszuhauen«. Manche von ihnen verfolgen auch durchsichtige politische Ziele, so etwa der Frankfurter Rechtsanwalt Laternser, als er die Verhaftung des als Zeugen erschienenen DDR-Ministers Markowitsch beantragte, weil dieser angeblich für den Bau der Berliner Mauer und für den »Schießbefehl« verantwortlich sei. »Was soll dieser Unfug?«

fragte am nächsten Tag eine Frankfurter Tageszeitung in einem Kommentar. »Meinen die Anwälte, die sich für diese Provokation hergeben, der Wahrheitsfindung im Prozess und der Vertretung der Interessen ihrer Mandanten mit derart durchsichtigen Radaumanövern, die von der Schuldfrage ablenken sollen, zu dienen? Wir erleben es nun schon zu oft, dass Verteidiger in Prozessen gegen NS-Verbrecher bis an den Rand des Erträglichen gehen. Der Respekt vor den Opfern der Hitlerdiktatur sollte es nicht zulassen, Schwurgerichtssäle zum Rummelplatz zu machen.«

Für eine ungewöhnlich Szene sorgte auch der Angeklagte Boger, dessen sadistische Vernehmungsmethoden schon mehrfach von Zeugen geschildert worden sind. Es ging um die Vernehmung des polnischen Zeugen Kral bei der Lagergestapo in Auschwitz. Boger sollte sich dazu äußern. Ja, meinte er beiläufig, dabei sei doch die »üble Geschichte« mit den Heringen passiert. Um Kral zu quälen, hatten die Gestapobeamten ihn gezwungen, mehrere Salzheringe hinunter zu würgen. Ihm, Boger, sei damals schlecht geworden. Und der sonst so Schweigsame, der das nach ihm benannte Folterinstrument, die »Boger-Schaukel«, erfand, gab sich plötzlich äußerst sensibel. Er könne keinen Fisch vertragen, ließ er das Gericht im Plauderton wissen. Allein wenn er daran denke, dass jemand gezwungen werde Fisch zu essen, erwecke das bei ihm Widerwillen. Noch heute könnte ihm übel werden. Boger schüttelte angewidert den Kopf und bat: »Bitte ersparen Sie mir das.«

So sind sie, diese Ungeheuer in Menschengestalt: Wenn es um sie selbst geht – mimosenhaft empfindlich; gegenüber anderen – keine Gnade. Keiner von ihnen war gezwungen, aus Furcht vor Bestrafung zu morden. Sie handelten nicht im Befehlsnotstand, wie Staatsanwalt Hinrichsen von der Zentralen Stelle zur Ermittlung von NS-Verbrechen als Zeuge betonte. Sie mordeten aus eigenem Antrieb, weil sie innerlich mit den Mordbefehlen ihrer Führung übereinstimmten. Hinrichsen sagte, er habe trotz gründlicher Nachforschungen keinen einzigen Fall gefunden, in dem ein SS-Mann bestraft worden sei, weil er einen verbrecherischen Befehl verweigerte. Zwar habe es manchmal Versetzungen an die Front gegeben, aber es sei möglich gewesen, ohne Gefahr für Leib und Leben, sich der Befolgung ungesetzlicher Anweisungen zu entziehen.

## Einer gesteht – und andere haben keine Ahnung

*29. März 1965*

Der drahtig wirkende Angeklagte Stefan Baretzki ist immer hellwach. Man merkt ihm an, dass er seine Haut so teuer wie möglich verkaufen will. Wenn er es für notwendig hält, springt er von seinem Platz auf und stellt Fragen an die Zeugen, Über das Mikrofon dringt seine Stimme mit dem fremdländischen Akzent – Baretzki ist Rumäniendeutscher – bis in den letzten Winkel des Gerichtssaales. Er ist seinem früheren Rang nach der »kleinste« unter den angeklagten SS-Leuten aus Auschwitz. Seine besondere »Spezialität« soll ein tödlicher Handkantenschlag gewesen sein, von dem mehrere Überlebende erzählt haben.

Baretzki ist seit Beginn des Prozesses in Untersuchungshaft. An seinem Verhalten ist abzulesen, dass er sich gegenüber den anderen Beschuldigten zurückgesetzt fühlt. Vor allem scheint ihn zu wurmen, dass seine ehemaligen Vorgesetzten und die einst turmhoch über ihm stehenden SS-Ärzte heute unwissend tun. Eine verbissene Wut scheint in ihm zu sitzen, die dem einstigen SS-Arzt Dr. Lucas am 137. Verhandlungstag zum Verhängnis wurde.

Rechtsanwalt Raabe hatte Baretzki beiläufig gefragt, ob er etwas über die Tätigkeit von Dr. Lucas auf der Rampe sagen könne. Dem Arzt wird vorgeworfen, bei Selektionen Opfer für die Gaskammern ausgesucht zu haben. Baretzki verneinte die Frage zunächst. Doch dann fuhr er fort, wenn Lucas auf der Rampe gewesen sei – und das könne er bestätigen –, dann müsse er auch selektiert haben. Raabe bohrte weiter. Er wisse von einem der jetzigen Mitgefangenen Baretzkis, dass dieser geäußert habe, Zehntausende seien durch Lucas ins Gas geschickt worden.

Lucas wurde zur Stellungnahme aufgefordert. Er räumte ein, auf der Rampe gewesen zu sein, aber an Selektionen habe er sich nicht beteiligt. Baretzki, inzwischen wieder auf seinen Platz zurückgekehrt, schoss wieder auf das Mikrofon zu. Wenn Lucas behaupte, Leuten geholfen zu haben, sprudelte es aus ihm heraus, dann habe er sich damit kurz vor Kriegsende nur eine Rückfahrkarte besorgen wollen. Und dann fiel der folgenschwere Satz: »5.000 Mann, die hat er in einer halben Stunde ins Gas geschickt, und heute will er sich als Retter hinstellen.«

Der Arzt sagte nichts mehr. Kurz entschlossen ließ das Gericht jenen Gefangenen als Zeugen vorführen, dem gegenüber Baretzki die erwähnten Äußerungen getan haben will. Der Zeuge bestätigte Raabes Mitteilung. Baretzki, so berichtete er, habe sich beklagt, dass die Kleinen alles ausbaden müssten. Dann folgte eine Aussage, die bezeichnend für die nachhaltige Verwirrung ist, die das Nazigift bei Baretzki bis auf den heutigen Tag angerichtet hat. Dem Mitgefangenen gegenüber hatte er nämlich geäußert, er habe Angst, vor Gericht etwas zu erzählen; wenn es einmal wieder »anders« werde, könnte man ihn vielleicht deswegen erschießen.

Raabe nahm die schweren Beschuldigungen zum Anlass, einen Haftbefehl für Lucas zu beantragen, aber das Gericht lehnte ab. Inzwischen hat der Angeklagte manche Legende selbst zerstört. Am 11. März, am 142. (!) Verhandlungstag, legte er ein Teilgeständnis ab. Lucas gab zu, auf der Rampe Insassen angekommener Transporte bei Selektionen für den Tod in den Gaskammern ausgesondert zu haben. Anfänglich habe er sich vor dieser Tätigkeit drücken können, doch schließlich habe er sich beteiligen müssen.

Wer hat nun größere Schuld auf sich geladen? Der SS-Rottenführer Stefan Baretzki, der mit einem Handkantenschlag Häftlinge tötete, oder der Arzt, der mit einer Handbewegung Tausende in den Tod schickte? Das Gericht wird zu entscheiden haben.

Mit Lucas hat nun der dritte der 20 Angeklagten ein Teilgeständnis abgelegt. Vor ihm hatten der SS-Sanitäter Klehr und der Angehörige der Politischen Abteilung, Stark, Morde zugegeben: Stark tötete mit dem Gewehr und warf Zyklon B in die Gaskammern, Klehr ermordete Menschen mit der Phenolspritze.

Ein weiteres gravierendes Ereignis seit meinem jüngsten Bericht war die Einvernahme mehrerer ehemals leitender Angestellter des IG-Farben-Konzerns. Sie war von dem Ostberliner Nebenklagevertreter Professor Kaul zu dem Zweck beantragt worden, einige Hintergründe des Geschehens in Auschwitz aufzuhellen und die Verstrickung des Unternehmens in die Mordmaschinerie der Naziführung ans Licht zu bringen. Die IG-Farben hatte während des Krieges in der Nähe des Vernichtungslagers ein großes Werk zur Herstellung von synthetischem Gummi, das so genannte Bunawerk, errichtet, in dem Insassen des Lagers als Arbeitssklaven eingesetzt wurden. Auf der riesigen Baustelle in Monowitz waren zeitweise 10.000 Häftlinge beschäftigt. Zeugen haben berichtet, dass hier insgesamt etwa 30.000 Menschen den »Tod durch Arbeit« fanden.

Im Nürnberger Prozess gegen frühere IG-Farben-Direktoren waren diese Dinge schon einmal zur Sprache gekommen. Mehrere Angeklagte hatten damals mehrjährige Freiheitsstrafen bekommen, die sie allerdings nicht ganz abzusitzen brauchten. Als die Herren nun im Auschwitz-Prozess als Zeugen aufgerufen wurden, gab es die erste Überraschung. Heinrich Bütefisch, um den es im Vorjahr einen großen Skandal wegen der Verleihung des Bundesverdienstkreuzes an ihn gegeben hat, blieb dem Termin ohne Entschuldigung fern. Erst im Laufe des Tages traf ein Brief von ihm ein. Walther Dürrfeld fehlte ebenfalls; und zwar wegen Krankheit.

So wurde als erster der frühere Vorsitzende des IG-Farben-Aufsichtsrates, Carl Krauch, gehört, der in Nürnberg zu sechs Jahren Haft verurteilt worden ist. Er stellte sich unwissend. Nicht einmal der erhalten gebliebene Schriftverkehr zwischen der SS und der IG-Farben-Verwaltung war ihm in Erinnerung. Krauch wusste nur noch, dass die Leute in Monowitz »ordentlich ernährt« wurden. Heinrich Himmler, der oberste SS-Führer, so erzählte er, habe ihm schon vor Kriegsbeginn KZ-Häftlinge als Arbeitskräfte angeboten. Es seien »asoziale Elemente mit politischer Vergangenheit« gewesen. Diese infame Formulierung ist Ausdruck der alten Überheblichkeit deutscher Industriekreise, die anscheinend jede politische Tätigkeit, die ihren Interessen zuwiderläuft, als asoziales Verhalten betrachten.

Als Professor Kaul sich mit Fragen an den Zeugen aus der einstigen IG-Farben-Spitze wandte, erhob der Verteidiger Laternser Einspruch. Die Industrie der Bundesrepublik müsse vor »Tiefschlägen« bewahrt werden, meinte er. Daraufhin richtete Kaul an Laternser die Frage, ob er im Auschwitz-Prozess etwa die Interessen der IG-Farben vertrete. Das Gericht gab den Einsprüchen der Verteidigung in der Regel statt, aber es ließ immerhin die Frage zu, ob Krauch etwas über die Selektionen in Monowitz wisse. Doch Krauch wusste davon nicht das geringste.

Völlig ahnungslos zeigte sich auch der ehemalige Hauptabwehrbeauftragte der IG-Farben, Christian Schneider. Der einstige Bauleiter des IG-Werkes in Monowitz, Gustav Murr, versuchte glaubhaft zu machen, über den Einsatz von Häftlingen nicht mit der SS, sondern mit dem Arbeitsamt verhandelt zu haben. Natürlich habe man interveniert, wenn die SS schwache Häftlinge geschickt habe. Später sei das auch besser geworden. Die SS habe kräftigere Leute geschickt.

Über die Angeklagten ließ keiner der Herren sich aus. Sie waren ihnen unbekannt. Bleibt als Fazit, dass die Ladung dieser Zeugen nur einen optischen Effekt gehabt hat. Sie erbrachte jedenfalls nichts Wesentliches zum Beweisthema. Die Hintergründe des entsetzlichen Geschehens wurden nur schemenhaft sichtbar, obwohl es im Interesse einer gründlichen Aufklärung der Jugend bitter nötig gewesen wäre, einiges mehr in Erinnerung zu rufen.

Zum Schluss noch ein unerfreuliches Kapitel. Seit Wochen beanstanden einige Verteidiger, dass polnische Zeugen, die zur Entlastung ihrer Mandanten benannt wurden, nicht erscheinen. Es wurde behauptet, die Betreffenden müssten in Polen zunächst ihre geplanten Aussagen zu Protokoll geben. Davon werde die Ausreisegenehmigung abhängig gemacht. Nun erschien am 140. Verhandlungstag die polnische Zeugin Barbara Gross-Pozimska und sagte, ihr Mann, der bereits als Zeuge gehört wurde, habe seine Stellung verloren, weil er den Angeklagten Bednarek entlastet habe. Diese Mitteilung erweckte begreiflicherweise Aufsehen. Der Verteidiger Bednareks, Dr. Eggert, wollte mehr wissen. Aber die Zeugin schwieg sich aus.

Am nächsten Tag gab es ein Nachspiel. Professor Kaul beantragte, den Verteidiger Eggert als Zeugen zu hören. Zur Begründung sagte Kaul, Eggert habe die Zeugin vor ihrer Aussage im Hotel aufgesucht und ihre Aussage beeinflusst. Die Verteidiger Laternser und Stolting II nannten Kauls Vorwürfe »unverschämt«. Offenbar haben sie vergessen, selbst schon ähnliche Anträge gestellt zu haben, wenn sie meinten, Zeugen der Staatsanwaltschaft seien beeinflusst worden.

# Erschießungen als »Mut- und Gehorsamsprobe«

*30. April 1965*

Die Reihe der Angeklagten, die sich noch in Freiheit befinden, hat sich abermals gelichtet. Von Untersuchungshaft verschont sind jetzt nur noch drei der insgesamt 20 Angeklagten: der frühere SS-Arzt Dr. Schatz, der SS-Wachmann Schoberth und der »Desinfektor« Breitwieser. Inhaftiert wurden inzwischen der ehemalige SS-Arzt Dr. Lucas und der einstige Adjutant des Lagerkommandanten, Höcker.

Lucas hatte am 11. März ein Teilgeständnis abgelegt. Er gab zu, an der Rampe in Auschwitz-Birkenau an Selektionen teilgenommen, also Opfer für die Gaskammer ausgesondert zu haben. Dennoch sah es zunächst nicht schlecht für ihn aus. Zwar hatten die Nebenkläger Ormond und Raabe die Festnahme des Arztes gefordert, aber das Gericht unter Vorsitz von Senatspräsident Hofmeyer lehnte ihre Anträge zweimal ab. Offenbar glaubten die Richter, Lucas werde sich auch jetzt nicht der Strafe durch die Flucht entziehen. Die Nebenkläger waren jedoch anderer Ansicht. Sie legten Beschwerde beim Frankfurter Oberlandesgericht ein, das dann seinerseits die Inhaftierung anordnete. Aus dem Bett heraus wurde Lucas in seinem Wohnort Elmshorn in Norddeutschland festgenommen und nach Frankfurt gebracht.

Das Oberlandesgericht war zu der Ansicht gelangt, die Prozesslage für Lucas habe sich durch dessen Teilgeständnis grundlegend geändert. Fluchtgefahr sei jetzt nicht länger von der Hand zu weisen, da der angeklagte Arzt nicht mehr nur mit einer mehrjährigen Zuchthausstrafe, sondern auch mit dem Verlust seiner bürgerlichen Existenz zu rechnen habe.

An jenem Tag, an dem Lucas zum ersten Mal aus Untersuchungshaft vorgeführt wurde, schlug auch die Stunde für Höcker. Am 25. März wurde er nach der Mittagspause auf Antrag von Staatsanwalt Kügler inhaftiert. Das Gericht ordnete diese Maßnahme an, nachdem der frühere »Spieß« in der Kommandantur des Lagers Auschwitz, Bernhard Walter, zum dritten Mal als Zeuge verhört worden war. Walter hatte unter Eid ausgesagt, Höcker habe alle Schreiben des Reichssicherheitshauptamtes aus Berlin, die Tötungsanweisungen enthielten, während seiner Tätigkeit als Adjutant auf seinem Schreibtisch vorgefunden. Anschließend habe er dann die einzelnen Abteilungen benachrichtigt. Das Gericht sah darin eine Bestätigung des Verdachts, dass Höcker an der Tötung einer unbestimmten Zahl von Menschen mitgewirkt habe. Wegen der zu erwartenden Strafe könne Fluchtgefahr nicht ausgeschlossen werden.

Während des bisherigen Prozessverlaufs war der ehemalige Adjutant einer der farblosesten Angeklagten. Seine Name wurde oft monatelang nicht erwähnt, wenn man vom täglichen Aufruf zu Beginn der Verhandlung absieht. Fiel er dann doch einmal, beschränkte Höcker sich auf knappe Bemerkungen, die immer wieder auf dasselbe hinausliefen: »Mit diesen Dingen hatte ich nichts zu tun.« Aber eines Tages halfen auch ihm alle Unschuldsbeteuerungen nicht weiter.

Neben manchen anderen ist jetzt auch der Angeklagte Boger weich geworden. Über Monate hinweg hatte er an seiner Taktik festgehalten, überhaupt nicht zu den Vorwürfen der Staatsanwaltschaft Stellung zu nehmen. Auch Zeugenaussagen ignorierte er. In seiner Sturheit wirkte er wie ein Fels, an dem alles abprallte. Boger ist vor allem durch seine grausamen Vernehmungsmethoden in Verruf gekommen. Ein Folterinstrument, die »Boger-Schaukel«, trägt sogar seinen Namen. Zahlreiche Zeugen haben schwerste Beschuldigungen gegen ihn erhoben. Diese Flut der Vorwürfe und bohrenden Fragen hat im Laufe von fünfzehn Monaten den »Fels« unterspült.

Wieder einmal war es der Ergänzungsrichter Hummerich, dessen enorme Sachkenntnis und dessen unerbittliche Suche nach der Wahrheit die Prozessbeteiligten immer wieder beeindruckt, der den Anstoß dazu gab, dass ein Lügengebäude erschüttert wurde. Als er Boger über Einzelheiten der Judenerschießungen befragte, legte der ehemalige Gestapobeamte unvermittelt ein Teilgeständnis ab. Boger räumte ein, an der berüchtigten Schwarzen Wand »in einem einzigen Fall zweimal« – wie er sagte – Häftlinge erschossen zu haben. Bei einer so genannten Bunkerentleerung habe der Leiter der Politischen Abteilung, Grabner, den Befehl erteilt, dass die SS-Männer sich bei den Erschießungen ablösen sollten. So sei auch er an die Reihe gekommen und habe zwei Häftlinge erschossen. Boger sagte, er habe das Ganze als Mut- und Ge-

horsamsprobe aufgefasst. »Für uns kleine Leute war keine Gelegenheit
gegeben, etwas zu verhindern«, fügte er hinzu.

Das Eingeständnis der »schwarzen Todes« von Auschwitz – so nannten viele Häftlinge den damaligen Vernehmungsbeamten – löste begreiflicherweise Überraschung aus. Der Vorsitzende wollte wissen, wie
sich das Geständnis mit der bisherigen Behauptung Bogers vertrage, er
habe in Auschwitz keinen einzigen Menschen getötet. Der Angeklagte erwiderte, bei einer solchen Fülle von Vorwürfen sei es unmöglich
gewesen, sich von vornherein festzulegen. Er sei der einzige aus der
Politischen Abteilung, der geschnappt worden sei, und nun entlade sich
der »ganze Hass« auf ihn.

So bestätigt sich auch hier wieder der Eindruck, dass die angeklagten SS-Leute offenbar nur zu einer einzigen Gemütsregung fähig
sind – zu Selbstmitleid. Keiner von ihnen fand bisher ein Wort des
Bedauerns gegenüber den Opfern oder deren Hinterbliebenen, Nur
eins beschäftigt sie: dass ausgerechnet sie das Pech hatten, für ihre
Taten gerade stehen zu müssen. Anscheinend fehlt ihnen auch nach
zwanzig Jahren die Einsicht, dass die Massenmorde an den Juden
ein einziges riesiges Verbrechen sind. Das wäre in der Tat ein später
Triumph nationalsozialistischer »Erziehung«. Dass die Angeklagten
immer noch einer falsch verstandenen »Nibelungentreue« huldigen,
zeigte die Weigerung Bogers, weitere Namen von Angehörigen der
Politischen Abteilung zu nennen, die an Erschießungen beteiligt gewesen sind.

Mussten die Männer auf der Angeklagtenbank töten, so wie Boger
behauptet? Diese Frage rückte während der letzten Prozesstage in den
Vordergrund. Das Wort vom Befehlsnotstand tauchte auf, das schon in
anderen Prozessen wegen NS-Verbrechen ins Feld geführt und von den
Verteidigern zum Angelpunkt ihrer Argumentation gemacht worden
ist. Werden die Angeklagten in diesen Verfahren davon profitieren?
Das Auftreten der Zeugen, die zu diesem Komplex gehört wurden,
muss sie merkwürdig berühren. Es sind vornehmlich ehemals hohe und
höchste SS-Führer, Leute also, die im Zentrum des NS-Vernichtungs-
apparates tätig waren, als in Auschwitz die Gaskammern in Betrieb
waren und die Schornsteine der Krematorien rauchten.

Einer von ihnen ist der ehemalige SS-Obergruppenführer Bruno
Streckenbach. Er gehört nicht irgendeiner untergeordneten Dienststelle
an, sondern dem Reichssicherheitshauptamt, saß also im Olymp nationalsozialistischer »Herrlichkeit«, wo er als Personalchef eine Spitzen-
funktion bekleidete. Schlau sicherte er sich von vornherein gegen jede
Verantwortung für das Geschehen in den Konzentrationslagern ab. Das
KZ-Personal habe dem Sicherheitshauptamt nicht unterstanden, erklärte
er. Nur für die Angehörigen der Politischen Abteilungen in den Lagern
sei es zuständig gewesen.

Was wusste Streckenbach zum Thema Befehlsnotstand zu sagen? Er
glaube nicht, meinte er, dass jemand unbedingt mit einem Verfahren
rechnen musste, wenn er einen Befehl verweigerte. Die beiden obersten SS-Führer Heinrich Himmler und Reinhard Heydrich hätten keine
regulären Verfahren zugelassen, sondern die Sache jeweils durch Befehl
erledigt. Also kam es vor, dass Befehlsverweigerer durch entsprechende
Befehle liquidiert wurden? Nein, das kann der Zeuge nicht bestätigen.
Ihm ist kein solcher Fall bekannt.

Fehlanzeige also für die Angeklagten. Die Aussagen des nächsten
Zeugen erbrachten ein ähnliches Resultat. Karl Hulsmann, Oberregie-
rungsrat außer Dienst und früher ebenfalls im Reichssicherheitshauptamt tätig, berichtete, er habe 5.000 Verfahren untersucht und nur ein
einziges Todesurteil gefunden. Es sei nicht wegen Befehlsverweigerung
ergangen, sondern wegen »Wehrkraftzersetzung«. Hulsmann war damals Leiter der Untersuchungsführer im Sicherheitshauptamt.

Ebenso interessant, wenn auch in anderer Hinsicht, waren die Bekundungen des Zeugen Dr. Emil Finnberg, der während des Krieges als
Gerichtsoffizier hinter der Ostfront tätig war. Er berichtete, dass überall
Erschießungen vorgekommen seien. An dieser Stelle erfährt der Beobachter, dass diese Massenmorde keineswegs nur von SS-Einheiten
oder Einsatzkommandos des SD, des Sicherheitsdienstes, und der Polizei
begangen wurden. Finnberg erklärte, an erster Stelle habe sich daran
die Wehrmacht beteiligt. Er selbst, der Gerichtsoffizier, hatte an der Erschießung von Frauen und Kindern nichts auszusetzen. Er sei eben in
den damaligen Rechtsvorstellungen groß geworden, meinte er zu seiner
Entschuldigung. Führerbefehle hätten als Gesetze gegolten.

Während der Vernehmung des Zeugen Gustav Noske, früher SS-Obersturmbannführer, kam es zu einem Intermezzo mit dem Angeklagten Klehr. Noske hatte berichtet, er selbst habe sich geweigert, einen verbrecherischen Befehl auszuführen. Deswegen sei er degradiert und an die Front geschickt worden. Klehr wollte nun wissen, ob auch ein kleiner Mannschaftsdienstgrad so abgeschnitten hätte wie er als SS-Offizier. Noske erwiderte, damit sei er überfragt. Klehr, der Tötungen durch Phenolinjektionen zugegeben hat, resignierte: »Ja, heute weiß das keiner mehr.«

An dieser Stelle schaltete sich der Vorsitzende mit der doppelsinnigen Bemerkung ein: »Das erleben wir ja hier jeden Tag; und nicht nur bei Zeugen.« Da trumpfte der Angeklagte auf: »Wir hatten ja nicht so einen Kopf wie Professoren, wir waren nur kleine SS-Leute.«

Unbestritten steckt hinter diesem Satz eine gewisse Tragik. Da sitzen einige SS-Leute auf der Angeklagtenbank, willfährige Werkzeuge, deren beschränkter Verstand nicht zu unterscheiden vermochte zwischen dem Gehorsam gegenüber einem Befehl und dem Gehorsam gegenüber dem eigenen Gewissen. Sie waren die »Letzten« im Vernichtungsapparat, ihnen oblag die blutige Henkersarbeit. Sie sollen jetzt büßen – zu Recht büßen, wie hinzugefügt werden muss. Aber wie steht es um die Schuld ihrer einstigen Führer, zu denen sie gläubig aufsahen, die mehr wussten als die Schergen in den Vernichtungslagern? Haben sie nichts zu sühnen? Ist ihr Versagen geringer? Wer begreift da nicht, was mit dem Wort von der unbewältigten Vergangenheit gemeint ist?

## Die Ankläger ziehen das Fazit

*31. Mai 1965*

Während diese Zeilen geschrieben werden, beherrschen die Staatsanwälte die Szenerie im Auschwitz-Prozess. Die Beweisaufnahme wurde nach 154 Verhandlungstagen abgeschlossen. Nun ziehen sie das Fazit aus 352 Zeugenaussagen und etwa 100 verlesenen Aussageprotokollen; sie würdigen die zahlreichen Gutachten der Sachverständigen und beantragen die Strafen für jeden einzelnen der 20 Angeklagten. Ein Berg von Schuld türmt sich auf, der mit jedem neuen Plädoyer der Anklagebehörde wächst und den die 40 Verteidiger nur schwer werden abtragen können.

Oberstaatsanwalt Dr. Großmann zeichnete zunächst ein zusammenhängendes Bild der NS-Vernichtungsmaschinerie. Zugegen waren der hessische Justizminister Dr. Lauritzen, der hessische Generalstaatsanwalt und Initiator des Prozesses, Dr. Fritz Bauer, der Präsident des Frankfurter Oberlandesgerichts Dr. Greiff und der Leitende Frankfurter Oberstaatsanwalt Dr. Rahn. Entschieden wandte sich Großmann gegen die These, die Vernichtung von Millionen Juden müsse im Zusammenhang mit dem Kriegsgeschehen gesehen werden. Die Juden hätten zu keiner Zeit eine militärische Gefahr dargestellt, sagte er, und die Morde in Auschwitz seien durch keinerlei Kriegsrecht gedeckt. Die Angeklagten könnten auch keinen Befehlsnotstand geltend machen. Die Beweisaufnahme habe einwandfrei ergeben, dass sie sich ohne Gefahr für Leib und Leben den Mordbefehlen hätten entziehen können. Der Oberstaatsanwalt appellierte an das Gericht, nach den Prinzipien der Rechtsstaatlichkeit von heute einen gerechten Spruch über die Mörder von gestern zu fällen.

Sein Amtskollege, Staatsanwalt Vogel, nahm die Beweiswürdigung vor. Eingehend setzte er sich mit der Behauptung auseinander, die Belastungszeugen seien von Häftlingsverbänden »gesteuert« und beeinflusst worden. Nachdrücklich stellte er fest, dass sich die Überlebenden von Auschwitz trotz allen Leides niemals hätten von Hassgefühlen leiten lassen. Für sie habe gar keine Veranlassung bestanden, falsch auszusagen. »Bei dem, was in Auschwitz geschehen ist, bedarf es keiner Übertreibung; denn die Wahrheit ist die härteste Anklage.«

Am 156. Verhandlungstag stellte Vogel die ersten, mit Spannung erwarteten Strafanträge. Sie betrafen vier ehemalige Angehörige der Lagergestapo: Hans Stark, Klaus Dylewski und Pery Broad sowie Johann Schoberth. Dabei gab es die erste Überraschung. Für den Landwirt Schoberth beantragte der Staatsanwalt Straffreiheit. Zur Begründung sagte er, kein Zeuge habe Schoberth bei einer Tötungshandlung gesehen; es habe sich vielmehr stets um Vermutungen gehandelt. Zu beweisen sei nur, dass der wegen einer schweren Kriegsverwundung nach Auschwitz versetzte damalige SS-Rottenführer im Standesamt die Totenmeldungen mit den Akten verglich. Nach Paragraf Nr. 47 des Militärstrafgesetzes solle Schoberth wegen geringer Schuld nicht bestraft werden.

Schoberth ist einer der drei Angeklagten, die sich nicht in Untersuchungshaft befinden. Er kann dem Prozessende also zuversichtlich entgegensehen. Nicht so die Mitangeklagten Stark, Dylewski und Broad. Der einstige Leiter der Aufnahmeabteilung in Auschwitz und jetzige Landwirtschaftsassessor Stark hat einige der ihm zur Last gelegten Verbrechen zu einer Zeit begangen, da er noch nicht volljährig war. Zwei Gutachter wurden deswegen gehört. Sie waren zu dem Ergebnis gekommen, dass nach 20 Jahren nichts Verbindliches mehr über den damaligen Reifegrad eines Menschen gesagt werden könne. Der Staatsanwalt pflichtete dem bei und berücksichtigte nur jene Taten, die Stark nach Vollendung des 21. Lebensjahres begangen haben soll. Dabei konnte er sich zum Teil auf das Geständnis stützen, das der Angeklagte vor der Polizei und vor dem Schwurgericht abgelegt hat (Stark hat die Teilnahme an Erschießungen an der Schwarzen Wand zugegeben).

Darüber hinaus sieht es die Staatsanwaltschaft als erwiesen an, dass Stark an der Rampe Todesopfer für die Gaskammer ausgesondert und die Unglücklichen auf ihrem letzten Gang durch Stockhiebe misshandelt hat. Vogel bezeichnete ihn als Mittäter bei mindestens 500 Morden. Bei so hohen Zahlen sei man versucht, nur die Zahlen zu sehen, doch habe es sich Wirklichkeit um einzelne Menschen gehandelt, von denen jeder seinen eigenen schrecklichen Tod gestorben sei.

Der Staatsanwalt beantragte für Stark die Höchststrafe: lebenslanges Zuchthaus und dauernden Ehrverlust.

Dasselbe Strafmaß beantragte er für den ehemaligen Ermittlungsbeamten der Politischen Abteilung Dylewski. Dieser Angeklagte sei überführt, Häftlinge zu Tode misshandelt und an Massenerschießungen an der Schwarzen Wand teilgenommen zu haben. Vier Jahre lang sei Dylewski an diesen Erschießungen beteiligt gewesen, eine zu lange Zeit, als dass ihm heute geglaubt werden könne, er habe das alles eigentlich nicht gewollt. Auch Dylewski hätte sich an die Front versetzen lassen können, wenn er die Morde in Auschwitz nicht länger hätte mitmachen wollen. Das habe er aber nicht getan, denn an der Front habe er befürchten müssen, dass zurückgeschossen werde. Er habe die »Tätigkeit« an der Schwarzen Wand vorgezogen, weil dort nicht zurückgeschossen worden sei. Staatsanwalt Vogel bedachte Dylewski mit einem geradezu klassischen Satz: »Er war kein willenloses Werkzeug, sondern ein gewissenloser Mittäter.«

Von dem ehemaligen Angehörigen der Lagergestapo Broad sagte er, dieser Angeklagte habe sich in der Hauptverhandlung als schillernde Persönlichkeit gezeigt. Ähnlich müsse sein Bild schon in Auschwitz gewesen sein; verschiedene Häftlinge sähen in ihm ihren Lebensretter, während andere ihn als »eleganten Tod mit Handschuhen« gefürchtet hätten. Durch Zeugenaussagen sei bewiesen, dass Broad sich aus reiner Mordlust danach gedrängt habe, Frauen zu erschießen, dass er sich an der Aussonderung jüdischer Gaskammeropfer beteiligt und an Exekutionen an der Schwarzen Wand mitgewirkt habe.

Der Staatsanwalt nannte Broad einen willigen Mittäter und beantragte auch für ihn lebenslanges Zuchthaus und dauernden Ehrverlust. (Die anderen Strafanträge stehen bei Niederschrift dieses Beitrages noch aus.)

Einen dramatischen Auftritt des Angeklagten Kaduk hatte es unmittelbar vor Beendigung der Beweisaufnahme gegeben. Der ehemalige Rapportführer, von Zeugen schwerster Verbrechen beschuldigt, hatte durch seinen Verteidiger eine »Erklärung« angekündigt, die zunächst aber ausblieb. Schon während Kaduk von Staatsanwalt Kügler zur Teilnahme der Ärzte an Selektionen befragt wurde, konnte man beobachten, dass in dem Angeklagten etwas vorging. Er habe in der vergangenen Nacht überhaupt nicht geschlafen, ließ er die Prozessbeteiligten wissen. Dann wurde der bullige Ex-Rapportführer immer lauter und setzte schließlich erregt zu einer Verteidigungsrede an.

Er bereue, was in Auschwitz geschehen sei, sagte Kaduk, aber er könne es nicht ändern. Seine Stimme erstickte fast in Tränen. »Ich gebe zu«, erklärte er, »dass in Auschwitz ein schweres Verbrechen begangen worden ist – aber nicht von uns.« Dann holte er zu einem Hieb aus, den er nicht hätte führen können, wenn es nach dem Krieg in Westdeutschland nicht einige politische Fehlentwicklungen gegeben hätte. »Es geht nicht um die Tat, die wir begangen haben«, sagte er in seinem oberschlesisch gefärbten unbeholfenen Deutsch, »sondern um die Herren, die uns ins Unglück gestürzt haben. Die meisten von ihnen gehen noch frei herum, wie der Globke.« Und er fügte hinzu: »Das tut einem weh.«

Der Vorsitzende lässt Kaduk reden; er unterbricht ihn auch nicht, als der Angeklagte begründet, weshalb er damals in Auschwitz so oft betrunken gewesen sei. Schon am Vormittag habe er sein Quantum »drin« gehabt, weil er das Elend nicht mehr habe ansehen können. Und dann fragte er, warum denn die Wehrmacht nicht gegen Auschwitz eingeschritten sei. Es hätten doch so oft Wehrmachtszüge im Bahnhof von Auschwitz gehalten. Die Soldaten hätten sich sogar danach erkundigt, weshalb es in dieser Gegend so schlecht rieche. Aber anstatt etwas zu unternehmen, hätten sie die Fenster der Abteile zugemacht.

So ging es weiter – und bei allem, was man über Kaduk und dessen Scheußlichkeiten weiß – ein Körnchen Wahrheit steckte in manchem, was er sagte.

Die beiden letzten Zeugen aus den Reihen der Überlebenden von Auschwitz dürfen nicht unerwähnt bleiben. Der eine heißt Józef Mikusz. Er kam aus Polen nach Frankfurt und setzte den symbolischen Schlusspunkt hinter die vielen erschütternden Aussagen ehemaliger Insassen des Vernichtungslagers. Er war als Entlastungszeuge für den Angeklagten Bednarek vorgeladen worden, aber er wusste nicht viel Entlastendes zu berichten. Im Gegenteil – es wurde ein schlechter Tag für Bednarek; und nicht nur für ihn, sondern auch für die Mitangeklagten Baretzki, Lucas und Broad. Noch einmal kam der ganze Katalog der Verbrechen zur Sprache: individuelle Morde, Selektionen, Vergasungen.

Der andere Zeuge heißt Edward Burakowski. Auch er kam aus Polen und war als Entlastungszeuge für Broad benannt. Tatsächlich stellte er diesem Angeklagten ein gutes Zeugnis aus. Aber dafür wurde seine Aussage zum Fiasko für den Angeklagten Boger; ihn hat der ehemalige Häftling dabei gesehen, wie er vier Häftlinge zu Tode folterte.

## Verteidigung sieht eine »tragische Lage«

*9. Juli 1965*

Ich habe mich während dieses Prozesses oft gefragt, besonders an Tagen, die angefüllt waren mit erschütternden Aussagen ehemaliger Häftlinge, wie die Anwälte der Beschuldigten angesichts der unstreitigen

Verbrechen zum Abschluss des Verfahrens operieren werden, um ihre
Mandanten herauszupauken. Ihre Aufgabe erschien mir von Anbeginn
unsagbar schwer, zumal da die meisten von ihnen als Pflichtverteidiger
bestellt worden sind und auch für sie nicht zweifelhaft sein kann, dass
in Auschwitz Entsetzliches geschehen ist.

Nun ist es so weit. Der ersten Kostproben aus dem Repertoire der
Verteidiger liegen vor. Es kann nicht der Sinn dieses Berichtes sein,
chronologisch ihre Argumente zu schildern, da sie sich nicht sehr voneinander unterscheiden. Stattdessen will ich einen zusammenhängen-
den Überblick über die große Linie der Verteidigung geben. Auf diese
Weise wird am ehesten die politische Tendenz des ganzen Vorhabens
deutlich. Und den Plädoyers der Verteidiger liegt eine gemeinsame
politische Linie zugrunde.

Bis zur Stunde haben die Anwälte für insgesamt neun Angeklagte
Anträge gestellt. Siebenmal verlangten sie Freispruch und zweimal zeitlich begrenzte Zuchthausstrafen. Freigesprochen werden sollen danach
unter anderen die beiden ehemaligen Adjutanten des Lagerkommandanten Mulka und Höcker sowie die ehemaligen SS-Ärzte Schatz und
Frank und der Leiter der Lagerapotheke Capesius.

Jeder einzelne Verteidiger bekannte an irgendeiner Stelle, dass es an
den Verbrechen von Auschwitz nichts zu beschönigen gebe. Dennoch
zogen sie alle miteinander die Aussagen der Überlebenden in Zweifel.
Das ist ihr gutes Recht. Kritisch wurde es allerdings immer dann, wenn
den Zeugen pauschal Rache- und Hassgefühle unterstellt wurden. Oft
genug während des langen Prozesses gab es Grund zur Bewunderung,
wenn Überlebende ungeachtet der fortwirkenden Erschütterung nüch-
tern und sachlich, ja manchmal sogar aus kühler Distanz zu Protokoll
gaben, was sie erlebt und gesehen haben. Dass es mitunter auch zu
seelischen Zusammenbrüchen kam, ist nur allzu verständlich. Es mutet
nahezu gespenstisch an, wenn Menschen, die die Hölle von Auschwitz
überlebt haben, als »unglaubwürdig« hingestellt und ihre Aussagen als
»merkwürdig« oder »bewusst falsch« bezeichnet werden, während auf
der anderen Seite lobend hervorgehoben wird, die Angeklagten stamm-
ten aus guten, patriotischen Familien und geordneten Verhältnissen. Da
werden Licht und Schatten falsch verteilt.

Schlimm anzuhören ist auch die Unterstellung, die Zeugen der Anklage seien »filtriert« worden, wie ein Anwalt sich ausdrückte. Das Gleiche gilt für die Behauptung, internationale Kräfte hätten auf den Prozess Einfluss genommen. Wir begegnen hier noch einmal der wiederholt aus Verteidigermund geäußerten Verdächtigung, die 20 Angeklagten stünden nur deshalb vor Gericht, weil so etwas wie eine Verschwörung ehemaliger Häftlinge stattgefunden habe. Und natürlich fehlt nicht die Behauptung, im Hintergrund seien dabei die Kommunisten am Werk gewesen. Anscheinend sollen dadurch politische Ressentiments zugunsten der Angeklagten ins Spiel gebracht werden.

Auf ähnlichem Gleis bewegt sich die Behauptung, der Auschwitz-Prozess sei ein politischer Prozess. Einer der Verteidiger schreckte nicht einmal vor der Vokabel »Schauprozess« zurück Auch der Einwand, das Verfahren sei viel zu lang und zu umfangreich gewesen, fehlte nicht, so als habe nicht das Ausmaß der begangenen Verbrechen, sondern böser Wille des Gerichts oder der Staatsanwaltschaft die Größe dieses Prozesses bestimmt.

Kernstück der bisherigen Verteidigertaktik ist das Argument, man habe im Dritten Reich nichts gegen die Verbrechen der nationalsozialistischen Machthaber tun können. Die Angeklagten hätten Angst haben müssen, bestraft zu werden, wenn sie den Befehlen von oben nicht nachgekommen wären.

Auch damit wird geschickt die verbreitete Ansicht in das Verfahren eingebracht, es habe eben alles seinen Lauf genommen, weil die meisten ohnehin nicht gewusst hätten, was da passiert sei, oder weil sie untätig bleiben mussten, wollten sie sich nicht selber gefährden. Auf diese Weise werden die Angeklagten auf eine Stufe mit Millionen anderen gestellt, die damals im Strom der Zeit mitgeschwommen sind, »Menschen wie du und ich«. Wohin der Hase läuft wird vollends klar, wenn die Verteidiger behaupten, auch die »andere Seite« habe Kriegsverbrechen begangen. Die kleine Belanglosigkeit, dass zwischen der Vergasung von Millionen völlig unschuldiger jüdischer Kinder, Frauen und Männer in Auschwitz und den Kriegshandlungen der Alliierten zur Niederringung des mörderischen Naziregimes doch wohl ein Unterschied besteht, wird schlicht übersehen.

Natürlich kann auch der geschickteste Verteidiger nicht umhin, bestimmte Taten der Angeklagten als unumstößliche Wahrheit zu akzeptieren. Dazu waren die belastenden Aussagen zu klar und zu präzise. In solchen Fällen heißt es dann, maßgebend sei, ob der Betreffende die Tötungsbefehle als rechtmäßig ansehen konnte, oder ob er in einem entschuldbaren Irrtum handelte, als er sie befolgte. Befehle Hitlers seien grundsätzlich als rechtsverbindlich angesehen worden, überdies habe das Führerprinzip unbedingten Gehorsam gefordert. Schließlich müsse berücksichtigt werden, ob es nicht auch Befehle im Rahmen der »militärischen Notwendigkeiten« gegeben habe.

In solchem Zusammenhang taucht zwangsläufig auch das Argument auf, Auschwitz sei »nichts Neues« gewesen; in der Geschichte habe es schon oft Judenverfolgungen gegeben. Selbstredend war kein Verteidiger in der Lage, ein Beispiel dafür zu nennen, dass vor der Nazizeit schon einmal von Staats wegen die fabrikmäßige Tötung von Juden betrieben worden ist.

Der Gerichtsvorsitzende fragte in den zurückliegenden eineinhalb Jahren die Angeklagten oft, ob ihnen denn nicht angesichts der Massenmorde Zweifel an der Rechtmäßigkeit ihres Tuns gekommen seien. Tatsächlich gab es Männer, die sich weggemeldet haben von Auschwitz; die lieber das Risiko des Fronteinsatzes auf sich nahmen, statt Handlangerdienste bei der Ermordung unschuldiger Menschen zu leisten. Die 20 Angeklagten hier in diesem Prozess blieben in Auschwitz. Was kann man da noch zur Rechtfertigung sagen? Beispielsweise das: Die Selektionen an der Rampe, bei denen die aus allen besetzten Ländern Europas wie Vieh nach Auschwitz verfrachteten Juden mit einer Daumenbewegung in Arbeitsfähige und Gaskammeropfer aufgeteilt wurden, dienten der Erhaltung des Lebens!

Sie haben richtig gelesen. Rechtsanwalt Laternser war es – sein Name sei hier genannt –, der behauptete, wenn die Selektionen nicht stattgefunden hätten, wären ja noch mehr Menschen umgebracht worden. Dabei weiß der Anwalt ganz genau, dass die Arbeitsfähigen nur eine Gnadenfrist bekamen. Sie wurden so lange als Sklaven in den benachbarten Industriebetrieben beschäftigt, bis sie total erschöpft waren und nicht mehr zur Arbeit eingesetzt werden konnten. Auch sie endeten dann in der Gaskammer.

Zum Abschluss dieses Teils noch einige Worte zu einem Problem, das die Verteidiger ins Spiel gebracht haben. Es ist ein sehr kompliziertes Problem, weil sich in ihm die Wahrheit und das Bestreben nach Entlastung Beschuldigter vermengen. Die Anwälte erklärten, man könne von ihren Mandanten nicht erwarten, dass sie damals das Unrechtmäßige ihres Tuns erkannten oder sich gar dagegen auflehnten, da ja doch die gesamte Justiz, die Polizei und die Wehrmacht sich den Zielen des Nazistaates gebeugt hätten. Der gesamte Staatsapparat sei moralisch korrumpiert gewesen. Die Straftaten seien nicht von Einzelnen, sondern von einer gut funktionierenden Bürokratie begangen worden. Der Staat habe die Angeklagten in eine »tragische Lage« gebracht. Man könne heute nicht behaupten, sie hätten sich schuldig gemacht, weil sie den Weisungen des Staates folgten.

Es stimmt, viele sind mitschuldig geworden, aber das kann nicht bedeuten, dass die Angeklagten sich nicht schuldig gemacht haben, weil sie lediglich staatliche Weisungen befolgten. Andernfalls würde der von den Verteidigern selbst als verbrecherisch charakterisierte Nazistaat nachträglich legalisiert und gerechtfertigt. Beizupflichten ist jenem Verteidiger, der erklärte, notwendig sei heute ein politisches Umdenken, damit ähnliche Verbrechen für immer unmöglich würden. Aber dieses Umdenken kann nicht durch die Einstellung der Prozesse gegen NS-Verbrecher eingeleitet werden, wie dieser Anwalt es verlangte. Da würden sich die Unbelehrbaren ins Fäustchen lachen. Tatsächlich hat eine gewisse Rückbesinnung erst mit diesem Verfahren gegen Beteiligte an den Massenmorden von Auschwitz eingesetzt.

Insgesamt hat die Staatsanwaltschaft für folgende Angeklagte eine lebenslange Zuchthausstrafe beantragt: Stark, Dylewski, Broad, Boger, Schatz, Frank, Capesius, Lucas, Hofmann, Kaduk, Schlage, Baretzki, Mulka, Höcker, Bednarek und Klehr. Zwölf Jahre Zuchthaus beantragte sie für Scherpe und Hantl. Das Verfahren gegen Schoberth soll nach dem Antrag der Staatsanwaltschaft wegen geringer Schuld eingestellt werden. Für Breitwieser beantragte sie Freispruch mangels Beweises.

Die Vertreter der Nebenkläger beantragten gegen 17 Angeklagte vierzehnmal lebenslang Zuchthaus, einmal Freispruch, einmal zwölf Jahre und einmal zehn Jahre Zuchthaus. (Die Anträge decken sich mit einer

Ausnahme mit denen der Staatsanwaltschaft.) Der Nebenklagevertreter Ormond hat in seinem Plädoyer unter anderem ausgeführt: »Es schaudert einem bei dem Gedanken, dass, was da auf der Anklagebank sitzt, zwölf Jahre lang als die Elite des deutschen Volkes angesehen wurde und sich auch als solche betrachtete. Man schämt sich für die deutsche Nation, dass sie so etwas hinnahm.« Ohne den Auschwitz-Prozess, fuhr Ormond fort, hätten die Unbelehrbaren ihre Bagatellisierungsversuche fortgesetzt. Dass dies nun nicht mehr möglich sei, werde man neben der Bestrafung der Schuldigen als das bleibende Verdienst dieses mustergültig geführten Prozesses betrachten können.

## Prämie für einstige Komplizenschaft

*12. August 1965*
Die Verteidiger legen sich mächtig ins Zeug. Mitunter muten ihre Argumente gespenstisch an. Bei manchen Passagen fühlt man sich in eine Zeit zurückversetzt, in der andere Maßstäbe galten. Nimmt man alles in allem, dann dürfte nach der Logik der Verteidiger überhaupt niemand für Verbrechen aus der Nazizeit bestraft werden. Nur ein einziges Mal beantragte in den vergangenen Wochen ein Verteidiger für einen Mandanten eine zeitlich begrenzte Freiheitsstrafe. Ansonsten hieß es jeweils am Ende des Plädoyers: »Ich beantrage Freispruch« oder »Ich beantrage Einstellung des Verfahrens.«

Ich will diesmal ausführlicher auf die einzelnen Vorträge eingehen. Da seit Mitte Juni nur noch an zwei Tagen in der Woche verhandelt wird und nicht an drei wie bisher, ist der Zwang zum Komprimieren des Stoffes nicht mehr so drückend. Sollte erneut der Name eines Angeklagten auftauchen, für den die Verteidigung schon plädiert hat, dann ist dies darauf zurückzuführen, dass die meisten Beschuldigten durch mehrere Anwälte vertreten werden, die alle zu Wort kommen und jeweils unterschiedliche Aspekte beleuchten.

Relativ leicht hatte es die Verteidigung des ehemaligen »Desinfektors« Breitwieser, der zu jenen drei Angeklagten gehört, die bisher von

Untersuchungshaft verschont worden sind. Er war von einem Zeugen beschuldigt worden, an der ersten »Probevergasung« von 800 sowjetischen Kriegsgefangenen in Auschwitz teilgenommen zu haben. Doch bei der Ortsbesichtigung hatte sich herausgestellt, dass der Zeuge diesen Vorgang von dem angegeben Punkt aus nicht beobachtet haben konnte. So war es für den Verteidiger leicht, einen – wie er sagte – Freispruch erster Klasse zu beantragen.

Schwerer hatten es die beiden Anwälte des früheren Arrestverwalters im Todesblock, Schlage. Er steht unter der Anklage, Häftlinge vorsätzlich dem Hungertod ausgeliefert und an Erschießungen teilgenommen zu haben. Da die Verteidigung bestimmte Vorwürfe nicht ignorieren kann, argumentiert sie mit der Behauptung, die Strafgesetze könnten in diesen Fällen nicht angewandt werden, da sie für einen gewissen Personenkreis damals nur auf dem Papier bestanden hätten. Mit anderen Worten: weil der Angeklagte seinerzeit auf Gesetze keine Rücksicht zu nehmen brauchte, kann man ihn heute nicht belangen.

Im übrigen, so die Argumentation der Verteidigung, habe man von einem einfachen Mann wie Schlage gar nicht erwarten können, dass er das Ungesetzliche seines Handelns begreife. Schließlich sei von keinem dazu berufenen Organ, von keinem Richter, keinem Staatsanwalt und keinem Professor jemals ein Einwand etwa gegen die Lagerordnung und die sogenannte Polenstrafrechts-Verordnung erhoben worden. Und die hätten doch Recht und Unrecht unterscheiden können. Schlage sei nur ein typischer Mitläufer gewesen, ein braver, untertäniger Staatsbürger.

Solche Einwände sind nicht ungeschickt, aber überzeugen können sie nur für den ersten Augenblick. Ihre Befolgung würde auf Straffreiheit für alle NS-Verbrecher hinauslaufen. Das Versagen der einen würde den anderen zum Vorteil gereichen, und die Vollstrecker der Nazi-Ideen bekämen nachträglich noch eine Prämie dafür, dass sie damals allesamt fleißig mitgemacht haben.

Der Verteidiger von Dr. Lucas, Rechtsanwalt Aschenauer, führte zur Entlastung seines Mandanten ebenfalls die Verhältnisse während der Tatzeit ins Feld. Er beantragte für den ehemaligen SS-Arzt Freispruch wegen mangelnden Unrechtsbewusstseins, so wie vorher auch die Verteidigung von Schlage Freispruch oder Einstellung des Verfahrens gefordert hatte. Dr. Lucas hätte sein Leben in Gefahr gebracht, wenn er an der Rampe in Birkenau nicht selektiert hätte, erklärte der Anwalt. Im Übrigen habe Lucas durch diese Tätigkeit Menschen vor dem Tode gerettet. Aschenauer machte sich damit ein Argument seines Kollegen Laternser zu eigen. Der hatte behauptet, die Selektionen hätten nicht etwa der Aussonderung von Opfern für die Gaskammern gedient, sondern dem Schutz gefährdeten Lebens.

Dazu muss man wissen, dass diese Selektionen nicht etwa von menschenfreundlichen SS-Ärzten auf eigene Faust vorgenommen wurden. Die Aufteilung der Menschen in Arbeitsfähige und nicht Arbeitsfähige erfolgte auf allerhöchsten Befehl hin. Niemals hätte es die Naziführung in Berlin geduldet, dass ihr Programm zur Vernichtung des jüdischen Volkes sabotiert wird, indem die Vollstrecker der »Endlösung« eine Schleuse vor den Gaskammern errichten, um Juden vor dem Tode zu bewahren.

Nein, Nächstenliebe und Menschenfreundlichkeit hatten mit den Selektionen nichts zu tun. Ihr einziger Zweck bestand darin, Arbeitsfähige vor der Tötung für Sklavenarbeit auszusortieren. Daran ändert sich nichts, wenn die Verteidiger behaupten, Lucas sei ein völlig unpolitischer Mensch gewesen, dem mangelndes Unrechtsbewusstsein zugute gehalten werden müsse.

Alles andere als unpolitisch argumentierte Rechtsanwalt Staiger in seinem Plädoyer für den Angeklagten Hofmann. Er warf der Staatsanwaltschaft vor, nicht nach rechtlichen Gesichtspunkten zu urteilen, sondern vielmehr einen politischen Erfolg anzustreben. So ließe sich die Vergangenheit nicht bewältigen. Und wie lässt sie sich tatsächlich bewältigen? Durch einen Freispruch für den Angeklagten Hofmann! Den beantragte der Anwalt denn auch.

Dieser Hofmann war in Auschwitz Schutzhaftlagerführer. Wegen zweier Morde im Konzentrationslager Dachau ist der Mann von einem anderen Gericht bereits zu lebenslangem Zuchthaus verurteilt worden. Jetzt spricht sein Verteidiger davon, die Funktion des Schutzhaftlagerführers sei »praktisch überflüssig« gewesen. Hofmann sei, wie das ganze deutsche Volk, von der damaligen Staatsmacht irregeführt worden. Was dem Angeklagten vorgeworfen werde, sei früher nicht strafbar gewesen. Hitlers Befehle hätten als Gesetz gegolten, auch wenn man das heute anders sehe. Das Gericht möge doch die verwirrende und ausweglose Lage des Einzelnen in der damaligen Zeit berücksichtigen, bat der Anwalt. Hofmann sei ein ausführendes Organ ohne konkrete Einflussmöglichkeit gewesen. Er beantrage Freispruch.

Bei dieser Argumentation fragt man sich, wozu damals überhaupt ein Schutzhaftlagerführer gebraucht wurde. Wenn sogar ein hoher SS-Führer wie Hofmann nichts zu sagen gehabt habe, wie steht es dann um den Einfluss der niedrigen Chargen? Die dürften doch erst recht nicht unter Anklage gestellt werden. Also eine Generalamnestie für alle NS-Verbrecher? Stellen sich die Verteidiger im Auschwitz-Prozess die Bewältigung der Vergangenheit so vor?

Für die Angeklagten Ärzte Frank und Schatz plädierte Rechtsanwalt Laternser. Er forderte für beide Freispruch. Ihnen wird vorgeworfen, bei Selektionen mitgewirkt zu haben. Nach der bereits erwähnten Auffassung Laternsers kann daraus kein Schuldvorwurf abgeleitet werden.

Nun zu Kaduk, den Lesern mittlerweile ein »Begriff«. Er hat laut Anklage und nach den Aussagen vieler Zeugen scheußliche Morde begangen. Was seine Verteidigung wohl beantragen wird? Nun, Kaduk ist auch da ein Sonderfall. Er wurde nämlich wegen seiner Verbrechen in Auschwitz von einem sowjetischen Militärgericht zu einer 25-jährigen Freiheitsstrafe verurteilt, nach zehn Jahren aber entlassen. Die Verteidigung meint, mit diesem Urteil sei die Anklage gegen Kaduk »verbraucht«, er könne also nicht noch einmal bestraft werden.

Kaduks Anwalt verwendete viel Zeit darauf, die Rechtsgültigkeit von Urteilen sowjetischer Militärgerichte in der damaligen sowjetischen Besatzungszone Deutschlands nachzuweisen. Daran zeigt sich, wie unterschiedlich manches ausgelegt werden kann. Wenn es opportun ist, werden Urteile sowjetischer Militärgerichte als Willkürakte ohne jede rechtliche Bedeutung bezeichnet oder umgekehrt, wie eben geschehen. Jedenfalls müsste das Verfahren gegen Kaduk nach Ansicht der Verteidigung eingestellt werden.

Freigesprochen werden müsste nach Meinung seines Verteidigers Göllner der ehemalige SS-Sanitäter Klehr, obwohl dieser zugegeben hat, mehrere hundert Häftlinge mit Phenolinjektionen ermordet zu haben. Wie das? Ganz einfach: Henker und Scharfrichter brauchen sich keine Gedanken über die von ihnen vollstreckten Urteile zu machen, erklärte der Verteidiger. Klehr sei ein solcher Henker gewesen. Falls er das Unrechtmäßige seines Handelns erkannt hätte, könnte man ihn allenfalls der Beihilfe zum Totschlag zeihen, und Totschlag sei, im Gegensatz zu Mord, bereits verjährt, weshalb das Verfahren gegen den Angeklagten eingestellt werden sollte. Aus!

Der zweite Verteidiger des Phenol-»Henkers«, Rechtsanwalt Fertig, erklärte, wenn das Gericht Klehr verurteile, dann fälle es ein politisches Urteil. Die Bundesrepublik Deutschland sei Rechtsnachfolgerin des Dritten Reiches, und ein Staat könne nicht bestrafen, was ein Staat in einer anderen Geschichtsphase befohlen habe. Klehr und die Mitangeklagten hätten sich darauf verlassen dürfen, dass der staatlich befohlene Mord niemals bestraft werde.

Nach all diesen »Theorien« der Verteidiger musste ein Plädoyer aus dem Rahmen fallen, in dem es hieß, die Angeklagten müssten bestraft werden, so weit sie schuldig seien. Rechtsanwalt Naumann sagte das in seiner Verteidigungsrede für den Angeklagten Hantl. Ganz im Gegensatz zu den anderen Verteidigern, die alle Angeklagten unbestraft sehen möchten, hält er eine Strafe für gerechtfertigt, auch wenn sie für seinen Mandanten, dem ebenfalls Tötungen durch Phenolinjektionen zur Last gelegt werden, nur vier Jahre betragen soll – soviel wie die erlittene Untersuchungshaft.

## Das Urteil

*22. September 1965*

Dieser 19. August ist ein Tag wie jeder andere auch. Durch die Riesenstadt wälzt sich der Verkehr, Autoschlangen stauen sich an Ampeln, Trambahnen schieben sich durch das Gewühl, auf den Gehsteigen hasten die Menschen zur Arbeit, und auf dem Schulhof neben dem

Gallushaus lärmen vor Unterrichtsbeginn die Kinder. Und doch ist dies ein besonderer Tag, denn inmitten dieser Stadt wird heute das Urteil in einem Verfahren verkündet, das in der Geschichte ohne Beispiel ist – der Auschwitz-Prozess.

Die blauen Vorhänge an den wandhohen Fenstern des Verhandlungssaales im Gallushaus sind zugezogen, so, als störe das Tageslicht an diesem Morgen, da die Weltöffentlichkeit erfahren soll, welche Strafe auf die 20 verbliebenen Angeklagten wartet. Kalter Schein aus Neonröhren erhellt die Szenerie. Auf der Pressetribüne drängen sich Journalisten aus vielen Ländern. Eine gespannte, nervöse Atmosphäre breitet sich aus.

Die Angeklagten werden hereingeführt; als erster wie immer der hinkende frühere Arrestverwalter im Todesblock 11, Bruno Schlage. Der »schwarze Tod« von Auschwitz, Wilhelm Boger, trägt wie immer den Anflug eines Lächelns im harten Gesicht, während er sich auf seinem Platz niederlässt. Es reicht noch zu einem kurzen Gespräch mit den Verteidigern, dann betreten die Richter den Saal. Die Anwesenden erheben sich und wie an 181 Tagen davor hören sie aus dem Mund des Gerichtsvorsitzenden Hofmeyer die beiden Sätze: »Die Sitzung des Schwurgerichts beim Landgericht in Frankfurt am Main ist eröffnet. Zum Aufruf kommt die Strafsache gegen Mulka und andere.«

Doch Sekunden später ist alles anders. Bleischwer lastet die Stille vor den nächsten Worten in dem großen Raum. »Es wird folgendes Urteil verkündet: Im Namen des Volkes ...« Als erster hört Robert Mulka, dass er für schuldig befunden wurde und zu 14 Jahren Zuchthaus verurteilt wird. Mit brüchiger Stimme, der man die nervliche Belastung anmerkt, verliest Hofmeyer das Strafmaß für die 19 anderen Angeklagten. Unterdessen stürzen die ersten Journalisten aus dem Saal hinaus an die Telefone und Fernschreiber, um ihren Redaktionen die ersten Informationen zu übermitteln. Wenig später künden bei Rundfunkstationen und Zeitungen Klingelzeichen an den Fernschreibern Vorrang- und Eilmeldungen an.

Sechsmal lebenslanges Zuchthaus, elfmal begrenzte Freiheitsstrafen zwischen dreieinviertel und 14 Jahren und dreimal Freispruch – das ist in dürren Worten die Bilanz dieses Prozesses.

Ehe der Vorsitzende jedes einzelne Urteil begründete – insgesamt vergingen darüber zwei Tage –, gab er einen Überblick über alle Argumente und Gegenargumente, die während der vergangenen 20 Monate aufgetaucht sind. Es sei verständlich, sagte er, dass in dieses Verfahren der Wunsch hineingetragen worden sei, die Grundlagen zu einer umfassenden geschichtlichen Darstellung des Zeitgeschehens zu schaffen, das zur Katastrophe von Auschwitz geführt habe. Hofmeyer deutete an, dass diesem Verlangen durch zahlreiche Gutachten über das Bild der geistigen, politischen und rechtsphilosophischen Situation während des »Dritten Reiches« Rechnung getragen worden sei.

Gleichzeitig betonte er jedoch, dass sich das Gericht durch die Vielzahl der daraus resultierenden Fragen nicht habe in Versuchung bringen lassen dürfen, den ihm vom Gesetz vorgeschriebenen Weg zu verlassen und sich auf Gebiete zu begeben, die ihm verschlossen seien. In dem Strafverfahren gegen Mulka und andere habe es einzig darum gehen können, die Anschuldigungen der Staatsanwaltschaft gegen die 20 Angeklagten zu überprüfen und das Maß der Schuld des einzelnen zu erforschen. »Das Gericht war nicht berufen, die Vergangenheit zu bewältigen«, fuhr der Vorsitzende fort. »Es hatte nicht zu prüfen, ob dieser Prozess zweckmäßig war oder nicht. Das Schwurgericht konnte nicht einen politischen Prozess führen, schon gar nicht einen Schauprozess. Ich muss in diesem Zusammenhang mein Bedauern darüber aussprechen, dass dieses Wort überhaupt gefallen ist.«

Anschließend setzte Hofmeyer sich mit dem Einwand auseinander, dass hier nur die »kleinen Leute« vor Gericht gestanden hätten. Auch diese »kleinen Leute« seien damals nötig gewesen, um den Plan der Vernichtung von Menschen in Auschwitz auszuführen. Sie seien so nötig gewesen wie die Großen, die das Gesamtgeschehen eingeleitet und vom Schreibtisch aus kontrolliert hätten. Die meisten von ihnen seien nicht mehr am Leben. Aufgabe des Gerichts sei es gewesen, die kriminelle Schuld im Sinne des Strafgesetzbuches zu ermitteln. Als irrig bezeichnete der Vorsitzende die Auffassung mancher Verteidiger, der Staat könne nicht bestrafen, was er in einer anderen Geschichtsphase befohlen habe. Seit Bestehen des Deutschen Reiches, also seit 1871, hätten die Gesetze Mord immer unter Strafe gestellt. Auch die Machtfülle des Nationalsozialismus habe niemals ausgereicht, aus Unrecht Recht zu machen.

Bei der Würdigung der Zeugenaussagen kam Hofmeyer zu dem Ergebnis, dass jeder Mensch nach 20 Jahren Erinnerungsschwächen unterworfen sei. Deshalb habe das Gericht alles vermieden, was auch nur im entferntesten auf eine summarische Entscheidung hätte hindeuten können. Jede Aussage sei einzeln geprüft worden, und wenn eine nicht ganz stichhaltig gewesen sei, dann habe zugunsten des Angeklagten auf sie verzichtet werden müssen. Wegen der Beweisschwierigkeiten hätten nicht alle strafbaren Handlungen nachgewiesen werden können. Den Angeklagten warf der Senatspräsident vor, nichts zur Erforschung der Wahrheit beigetragen, sondern geschwiegen und zum Teil die Unwahrheit gesagt zu haben.

Im letzten Satz der Urteilsbegründung findet sich ein Anflug von Resignation. Er besagt: Die vorhandenen Gesetze reichen nicht aus, um die Verbrechen von Auschwitz zu sühnen. Wörtlich: »Selbst wenn in allen Fällen die Angeklagten wegen Mittäterschaft zu lebenslangem Zuchthaus verurteilt würden, würde ein Division dieser Strafe durch die Anzahl der Opfer niemals auch nur zu einer annähernd gerechten Sühne führen; dazu ist ein Menschenleben viel zu kurz.«

Die Angeklagten nahmen das Urteil ohne Zeichen einer Gemütsregung entgegen. Nur der »Phenolspezialist« Klehr sprang auf und rief in den Saal: »Herr Präsident, ich nehme das Urteil nicht an.« Die Angeklagten hatten geraume Zeit vor der Urteilsverkündung Gelegenheit, Erklärungen zum Prozessverlauf abzugeben. Nur zwei von ihnen, Stark und Lucas, ließen in ihrem Schlusswort einen Schimmer von Reue erkennen. Alle anderen verloren weder ein Wort des Bedauerns für die Opfer von Auschwitz, noch gaben sie auch nur ein einziges Verbrechen zu. Die meisten zeigten nur Mitleid mit sich selbst. Mulka drohte bei seinem Schlusswort fast in Tränen auszubrechen, während Boger den strammen Antikommunisten hervorkehrte und versicherte, im Mittelpunkt seiner Bestrebungen habe stets die Bekämpfung der polnischen Widerstandsbewegung und des Bolschewismus gestanden.

Im einzelnen wurden verurteilt:

## Zu lebenslangem Zuchthaus

- Wilhelm Boger, wegen Mordes in mindestens 114 Fällen und der gemeinschaftlichen Beihilfe zum gemeinschaftlichen Mord an mindestens 1.000 Menschen sowie einer weiteren gemeinschaftlichen Beihilfe zum gemeinschaftlichen Mord an mindestens zehn Menschen.
- Franz Hofmann, wegen Mordes in einem Fall, des gemeinschaftlichen Mordes in mindestens 30 Fällen, sowie wegen gemeinschaftlichen Mordes in mindestens drei weiteren Fällen an je mindestens 750 Menschen.
- Oswald Kaduk, wegen Mordes in zehn Fällen und gemeinschaftlichen Mordes in mindestens zwei Fällen, begangen in einem Fall an mindestens 1.000, in dem anderen an mindestens zwei Menschen.
- Stefan Baretzki, wegen Mordes in mindestens fünf Fällen sowie gemeinschaftlicher Beihilfe zum gemeinschaftlichen Mord in mindestens elf Fällen, davon in einem Fall begangen an mindestens 3.000 Menschen, in fünf Fällen begangen an mindestens je 1.000 Menschen und in fünf Fällen begangen an mindestens je 50 Menschen.
- Josef Klehr, wegen Mordes in mindestens 475 Fällen und gemeinschaftlicher Beihilfe zum gemeinschaftlichen Mord in mindestens sechs Fällen, davon in zwei Fällen begangen an mindestens je 750 Menschen, im dritten Falle an mindestens 280 Menschen, im vierten Falle an mindestens 700 Menschen, im fünften Falle an mindestens 200 Menschen und im sechsten Falle am mindestens 50 Menschen.
- Emil Bedanarek, wegen Mordes in 14 Fällen.

## Zu begrenzten Freiheitsstrafen

- Robert Mulka, 14 Jahre Zuchthaus wegen gemeinschaftlicher Beihilfe zum gemeinschaftlichen Mord in mindestens vier Fällen an mindestens je 750 Menschen.
- Karl Höcker, sieben Jahre Zuchthaus wegen gemeinschaftlicher Beihilfe zum gemeinschaftlichen Mord in mindestens drei Fällen an mindestens je 1.000 Menschen.
- Hans Stark, zehn Jahre Jugendstrafe wegen gemeinschaftlichen

Mordes in mindestens 44 Fällen, davon in einem Fall begangen an mindestens 200 Menschen und in einem weiteren Fall an mindestens 100 Menschen. ( Stark war zur Tatzeit noch nicht volljährig ).

- Klaus Dylewski, fünf Jahre Zuchthaus wegen gemeinschaftlicher Beihilfe zum gemeinschaftlichen Mord in mindestens 32 Fällen, davon in zwei Fällen begangen an mindestens je 750 Menschen.

- Pery Broad, vier Jahre Zuchthaus wegen gemeinschaftlicher Beihilfe zum gemeinschaftlichen Mord in mindestens 22 Fällen, davon in zwei Fällen begangen an mindestens je 1.000 Menschen.

- Bruno Schlage, sechs Jahre Zuchthause wegen gemeinschaftlicher Beihilfe zum gemeinschaftlichen Mord in mindestens 80 Fällen.

- Dr. Franz Lucas, drei Jahre und drei Monate Zuchthaus wegen gemeinschaftlicher Beihilfe zum gemeinschaftlichen Mord in mindestens vier Fällen und an mindestens je 1.000 Menschen.

- Dr. Willy Frank, sieben Jahre Zuchthaus wegen gemeinschaftlicher Beihilfe zum gemeinschaftlichen Mord in mindestens sechs Fällen an mindestens je 1.000 Menschen.

- Dr. Victor Capesius, neun Jahre Zuchthaus wegen gemeinschaftlicher Beihilfe zum gemeinschaftlichen Mord in mindestens vier Fällen an mindestens je 2.000 Menschen.

- Herbert Scherpe, vier Jahre und sechs Monate Zuchthaus wegen gemeinschaftlicher Beihilfe zum gemeinschaftlichen Mord in mindestens 200 Fällen und einer weiteren gemeinschaftlichen Beihilfe zum gemeinschaftlichen Mord an mindestens 700 Menschen.

- Emil Hantl, drei Jahre und sechs Monate Zuchthaus wegen gemeinschaftlicher Beihilfe zum gemeinschaftlichen Mord in mindestens 40 Fällen und der gemeinschaftlichen Beihilfe zum gemeinschaftlichen Mord in zwei weiteren Fällen an mindestens je 170 Menschen. (Da die Untersuchungshaft voll angerechnet wurde, konnte Hantl den Gerichtssaal nach der Urteilsverkündung als freier Mann verlassen; seine Strafe gilt als verbüßt).

## Freisprüche

- Auf Kosten der Staatskasse wegen Mangels an Beweisen freigesprochen: Dr. Willi Schatz, Arthur Breitwieser und Johann Schoberth.

Bei den Tötungshandlungen, deren die Angeklagten für schuldig befunden wurden, handelt es sich um sogenannte individuelle Morde durch Tottrampeln, Ertränken, Erschießen oder sonstige Gewaltanwendung, um Massenerschießungen an der Schwarzen Wand, um vorausgegangene sogenannte Bunkerentleerungen, um Mord mit der Phenolspritze, um Selektionen auf der Rampe oder Morde in den Gaskammern.

\*\*\*

Das größte Verfahren der deutschen Justizgeschichte ist zu Ende. Es erstreckte sich über 20 Monate und 183 Verhandlungstage, 356 Zeugen traten vor das Gericht, die Hälfte von ihnen stammt aus Deutschland, die anderen aus weiteren 17 Ländern. Die schriftlichen Unterlagen über das Prozessgeschehen füllen 100 Aktenbände mit insgesamt 18.000 Seiten.

Inzwischen hat die Staatsanwaltschaft gegen acht Urteile Revision eingelegt, und zwar in den Fällen Mulka, Höcker, Capesius, Dylewski, Broad, Stark, Schlage und Dr. Schatz. Der Nebenklagevertreter Kaul (Ostberlin) legte seinerseits Revision gegen die Urteile über Mulka und Höcker ein. Revision legten auch zehn Verteidiger ein.

\*\*\*

Das Echo auf die Urteile ist unterschiedlich ausgefallen. Es gab scharfe Kritik und zustimmende Äußerungen; den einen sind die meisten Strafen zu gering, den anderen erscheinen sie als gerecht. Vielleicht erwarten die Leser auch von mir, der ich für sie die ganze Zeit über vom Auschwitz-Prozess berichtet habe, ein persönliches Wort. Ich will es kurz machen:

Für die Verbrechen von Auschwitz gibt es keine adäquate Sühne. Selbst wenn alle Angeklagten die Höchststrafe bekommen hätten – lebenslanges Zuchthaus –, bestünde das Unbehagen weiter, dass Auschwitz letztlich ungesühnt bleibt. Das Gericht stand vor einer unlösbaren Aufgabe. Es musste mit den unzureichenden Mitteln des Strafgesetzbuches aus einem Riesenberg von Schuld den persönlichen Anteil der Angeklagten an den begangenen Verbrechen herausfinden. Dabei sind, so will mir scheinen, die höheren Chargen besser weggekommen als die unteren. Der ehemalige SS-Führer Dr. Lucas beispielsweise erhielt wegen Beihilfe zum Mord in mindestens viertausend Fällen nur drei Jahre und drei Monate Zuchthaus, während der ehemalige Arrestaufsehen Schlage wegen Beihilfe zum Mord in mindestens achtzig Fällen sechs Jahre Zuchthaus bekam, also fast doppelt soviel.

Aber solche Überlegungen führen wohl am Kern vorbei. So notwendig es gewesen wäre, gegen alle Angeklagten mit der ganzen Strenge des Gesetzes vorzugehen, so wenig hätte damit das Sühnebedürfnis befriedigt werden können. Trotz der milden Urteile hat dieses Verfahren ein Gutes: Es hat die Nachwelt mit ihrer Vergangenheit konfrontiert. Der Jugend wurde vor Augen geführt, wo es endet, wenn politischer und völkischer Wahnwitz ins Kraut schießen. Sie ist gewarnt.

Der Auschwitz-Prozeß hat Millionen zum Nachdenken gebracht. »Aber«, und damit zitiere ich aus dem Organ der deutschen Metallarbeiter-Gewerkschaft, »noch immer sitzen im Staats- und Polizeiapparat, in der Justiz und in jenen Konzernen, die in Auschwitz an den Arbeitssklaven verdienten, die eigentlichen Drahtzieher, die Stützen eines Systems, das im Auschwitz-Prozeß – leider – nicht auf die Anklagebank gesetzt werden konnte.«

*Der Verfasser dieses Buches zur Zeit*
*des Auschwitz-Prozesses*

# II.
# Fritz Bauer

## »Im Kampf um des Menschen Rechte«

Von Irmtrud Wojak

## Leben und Werk

Fritz Bauers Leben und Werk sind beispielhaft für die Geschichte eines standhaften Sozialdemokraten im katastrophalen 20. Jahrhundert. Als junger Mann durchlitt er Verfolgung, KZ-Haft und erzwungene Emigration. Nach dem Ende der Nazi-Herrschaft kehrte er nach Deutschland zurück, um am Aufbau einer neuen Demokratie mitzuwirken. Anfeindungen und Morddrohungen begleiteten Fritz Bauers Leben und juristisches Wirken. »Was haben wir für ihn getan?«, fragte Robert M. W. Kempner, Ankläger im Nürnberger Militärtribunal, selbstkritisch nach Bauers Tod im Jahr 1968. Und Bauers Zeitgenosse Walter Fabian (1902-1992), antifaschistischer Widerstandskämpfer und Exilant wie er, sah voraus, dass Leben und Werk des Juristen erst viel später in Erinnerung kommen würden.[1]

Den einzigen autobiographischen Artikel, den Fritz Bauer hinterließ, überschrieb er bezeichnenderweise mit dem Titel: »Im Kampf um des Menschen Rechte«.[2] Die Zeiten, in denen sein Leben und Werk Verleumdungen ausgesetzt war, sind jedoch nicht vorbei. Anfeindungen, wie er sie aufgrund seiner jüdischen Herkunft und seiner politischen Einstellung erlebte, sind im Gegenteil wieder virulenter geworden.[3]

---

1    Hessisches Ministerium der Justiz (Hrsg.), Fritz Bauer. In memoriam. Wiesbaden 1969, hrsg. vom Hessischen Minister der Justiz, Dr. Johannes E. Strelitz, anläßlich des Jahrestages des Todes von Fritz Bauer, S. 25. So auch Ilse Staff: »Was haben wir getan? Wir haben es im Großen und im Kleinen zu einer Situation kommen lassen, in der er unendlich einsam, unendlich deprimiert, unendlich traurig gestorben ist.« Gedenkrede von Ilse Staff, Juli 1968 (Privatbesitz). Walter Fabian über F. Bauer, in: Gewerkschaftliche Monatshefte (1968), H. 8, S. 490.

2    Fritz Bauer, »Im Kampf um des Menschen Rechte«, in: Elga Kern (Hrsg.), Wegweiser in die Zeitenwende. München, Basel 1955, S. 176-188; Fritz Bauer, »Im Kampf um des Menschen Rechte« (1955), in: Ders., Die Humanität der Rechtsordnung. Ausgewählte Schriften. Hrsg. v. Joachim Perels / Irmtrud Wojak. Frankfurt am Main / New York 1998, S. 37-49.

3    Die Demontage Fritz Bauers wurde in jüngster Zeit aufgedeckt vom dienstältesten Generalstaatsanwalt Erardo C. Rautenberg, »Die Demontage des Generalstaatsanwalts Dr. Fritz Bauer«, in: Neue Justiz (2014), H. 9, S. 369-376. Kurt Nelhiebel, »Oh Deutschland, bleiche Mutter«, https://softatele-

Fünfzig Jahre nach dem ersten Frankfurter Auschwitz-Prozess ist Fritz Bauers Kampf um des Menschen Rechte so nötig wie eh und je.

## Die »schwäbische Heimat« Stuttgart

Fritz Bauer wurde 1903 in Stuttgart als erster Sohn einer gutbürgerlichen Kaufmannsfamilie jüdischer Herkunft geboren. Drei Jahre später kam seine Schwester Margot in Württembergs Hauptstadt zur Welt. Die schwäbischen Wurzeln der Familie reichten tief. Seine Kindheit wurde geprägt von der bürgerlichen Herkunft und vom emanzipatorischen Geist, der im Haus seiner Großeltern in Tübingen herrschte, der Heimatstadt seiner Mutter Ella.[4]

Fritz Bauer hat von seinem Heimweh nach Stuttgart gesprochen, als er Deutschland nach dem zweiten Weltkrieg erstmals besuchte. In seiner Wiedersehensfreude erwähnte er in einem Brief an den damaligen SPD-Vorsitzenden Kurt Schumacher (1895-1952), er habe »Spätzle mit Sauerkraut« gegessen: »Ich habe sie seit 12 Jahren vermisst!«. Sogar die Speisekarte habe er »geklaut − bloß wegen der ›Spätzle RM 1-‹« und um sein »schwäbisches Heimweh zu lindern«.[5]

In Stuttgart verbrachte Fritz Bauer seine Jugend, von hier aus folgte sein Vater Ludwig Bauer dem kaiserlichen Ruf und zog in den Ersten Weltkrieg. In Stuttgart besuchte Fritz Bauer das traditionsreiche Eberhard Ludwig Gymnasium, hier erlebte er die Revolution von 1918/19, die eigentlich keine war. Aus Stuttgart zog er fort ins Studium, nach Heidelberg, München und Tübingen − und wurde in Württembergs Hauptstadt schließlich jüngster Amtsrichter Deutschlands.

graph.wordpress.com/2014/10/31/o-deutschland-bleiche-mutter (abgerufen 7.2.2015). Erardo C. Rautenberg, »Zu Haus unter Feinden«, www.onleihe.de/static/content/zeit_sa/20141113/ZXE_47_14/vZXE_47_14.pdf (abgerufen 7.2.2015). Kurt Nelhiebel, »Die Nestbeschützer«, www.tagesspiegel.de/kultur/deutungskampf-um-das-werk-von-fritz-bauer-die-nestbeschuetzer/11087028.html (abgerufen 7.2.2015).

4    Vgl. über Fritz Bauers Leben und Werk Irmtrud Wojak, Fritz Bauer (1903-1968). Eine Biographie. München 2009.

5    F. Bauer an K. Schumacher, 8.8.1948, AdsD Bonn, Nachlass K. Schumacher, Mappe 71.

Als Student riss ihn die Aufbruchsstimmung nach dem Untergang des Kaiserreiches ins politische Leben. In Stuttgart schloss sich Fritz Bauer der Sozialdemokratischen Partei an und verteidigte fortan die Republik gegen deren nationalsozialistische Feinde.

### 1933 – »Machtübernahme« der Nazis und Flucht ins Exil

Mit der Machtübernahme der Nationalsozialisten wurde die Laufbahn des jungen Juristen jäh unterbrochen. Die neuen Herren sperrten den Nazi-Gegner ins KZ Heuberg und entließen ihn im April 1933 aus dem Richteramt. Ende 1935 flüchtete der 32jährige ins Exil nach Kopenhagen. Seine Eltern retteten sich in letzter Minute, nachdem das Pogrom vom 9. November 1938 auch ihnen klar gemacht hatte, dass es für Juden in Deutschland keine Überlebensmöglichkeit mehr gab.

In Kopenhagen heiratete Fritz Bauer die Montessori-Kindergärtnerin Anna Maria Bauer-Petersen (1903-2002). Sie half ihm, sich nach der Besetzung durch die Deutschen im April 1940 vor seinen Verfolgern zu verstecken. Als die Nationalsozialisten im Oktober 1943 auch in Dänemark die Ermordung der Juden in Gang setzen wollten, floh Bauer, zusammen mit seinen Eltern und der Familie seiner Schwester, in einer dramatischen Rettungsaktion über das Kattegat nach Schweden. Dänische Fischer retteten sie, nachdem sie nach Rørvig geflüchtet waren, wo sie sich einschifften.

Bauer war von Anfang an in sozialdemokratischen Exilorganisationen aktiv. In Schweden lernte er Willy Brandt (1913-1992) kennen. Er setzte sich dafür ein, nach dem Krieg eine sozialistische Einheitspartei ins Leben zu rufen. Im skandinavischen Exil erlebte der Flüchtling nicht nur die teilweise erbittert geführten Kämpfe um die Nachkriegsordnung Deutschlands, sondern musste auch antisemitische Anfeindungen durch Mitglieder der eigenen Partei ertragen.

Nach der Kapitulation des so genannten Großdeutschen Reiches kehrte Fritz Bauer zunächst von Schweden nach Dänemark zurück. Er war sich nicht sicher, ob er nach Deutschland gehen sollte, auch wenn er erste Kontakte knüpfte. Bei Kurt Schumacher setzte er sich für den zehn Jahre jüngeren Willy Brandt ein, und er machte eine Besuchsreise nach Hannover. Die Rückkehr in seine geliebte schwäbische Heimat scheiterte, weil es in der württembergischen Justiz niemanden gab, der ihn zurückrief.

## 1949 – Rückkehr nach Westdeutschland

Wenige Wochen vor Gründung der Bundesrepublik Deutschland und der Verabschiedung des Grundgesetzes kehrte Fritz Bauer nach Deutschland zurück. Im niedersächsischen Braunschweig wurde er 1949 zunächst zum Landgerichtsdirektor und 1950 zum Generalstaatsanwalt am Braunschweiger Oberlandesgericht ernannt. 1956 berief ihn der sozialdemokratische hessische Ministerpräsident und Justizminister Georg August Zinn (1901-1976) in das Amt des Generalstaatsanwalts in Frankfurt am Main. Dort wirkte Bauer zwölf Jahre, bis 1968.

Angespornt von seinen Erkenntnissen als Verfolgter des Nazi-Regimes, von seinen Kindheitsträumen und seinem schwäbischen Idealismus setzte er sich für ein neues Recht und für die Demokratie ein. Er wollte mithelfen bei einem grundlegenden Neubeginn und einer geistigen Revolution der Deutschen. »Ich bin zurückgekehrt«, sagte er, »weil ich glaubte, etwas von dem Optimismus und der Gläubigkeit der jungen Demokraten in der Weimarer Republik, etwas vom Widerstandsgeist und Widerstandswillen der Emigration im Kampf gegen staatliches Unrecht mitbringen zu können. [...] Ich wollte ein Jurist sein, der dem Gesetz und Recht, der Menschlichkeit und dem Frieden nicht nur Lippendienst leistet.«[6]

# Vorbilder

### Was war es, das Fritz Bauer nicht aufgeben ließ?

Die übergroße Mehrheit der Deutschen wollte nach 1945 vergessen und so schnell wie möglich einen Schlussstrich unter die Vergangenheit ziehen. Was war es, das den Juristen nicht aufgeben ließ, im Gegenteil

---

6    Fritz Bauer, in: Deutsche Post, Jg. 14 (1962), H. 24, S. 657f.

sogar anspornte, die Sisyphusarbeit der Entnazifizierung voranzu-
treiben.

Es war ein Bibelwort des Alten Testaments, das die Mutter Ella Bauer
dem Knaben zur Antwort gab, als er sich, bedrängt von antisemitischen
Attacken seiner Mitschüler, an sie wandte mit der Frage: »Was ist eigentlich Gott«? Bauer erinnerte sich später sehr genau an diese Szene und
bekannte, die Antwort seiner Mutter sei zur Richtschnur seines Lebens
und seiner Tätigkeit geworden: »Was Du nicht willst, dass man dir tu
– das füg' auch keinem andern zu!«[7] Der schlichte Satz entspricht dem
Leitgedanken des Grundgesetzes der Bundesrepublik: »Die Würde des
Menschen ist unantastbar.« Natürlich war sich Bauer darüber im Klaren, dass Nächstenliebe nicht gesetzlich vorgeschrieben werden kann,
wohl aber sollten sich Staat und Gesellschaft von der Maxime leiten
lassen: »Schädige keinen anderen!« Sie sei in den Weltreligionen seit
Jahrtausenden verankert und fordere zu bewusstem Handeln durch
aktives Unterlassen auf. Die eigenen Erfahrungen bestärkten Bauer in
dieser Auffassung.

### Prägende Erfahrungen: Gustav Radbruch – Mord an Walther Rathenau – Kurt Schumacher

Wie viele andere idealistisch gesinnte Jugendliche verband Fritz Bauer
den Untergang der Monarchie mit der Hoffnung auf eine »Selbsterlö-
sung« der Menschheit, auf einen »Sieg des Geistes«, der »Freiheit und
Gerechtigkeit«.[8] Alle Deklassierten und Benachteiligten, darunter auch
die Juden, sollten nach seiner Vorstellung fortan freier und selbstbe-
wusster leben und wirken können, so wie es auch die sozialistische Idee
verhieß. Sein kindlicher Berufswunsch, als Polizist die Ordnung zu hü-
ten, mündete in dieser Zeit in die Entscheidung, Jura zu studieren und

---

7   ALS SIE NOCH JUNG WAREN/Dr. Fritz Bauer, TV-Dokumentation
    1967, Interviewer: Renate Harpprecht/Müller Scherak Produktion; für
    den Westdeutschen Rundfunk (WDR), Köln. Transkription des Interviews:
    Susanne Krejcik, Juli 2003.

8   Jochmann, Werner, »Die Ausbreitung des Antisemitismus«, in: Werner E.
    Mosse unter Mitwirkung von Arnold Paucker (Hg.), Deutsches Judentum
    in Krieg und Revolution 1916-1923. Tübingen 1971, S. 409- 510, S. 445.

Rechtsanwalt zu werden. In den zwanziger Jahren des vergangenen Jahrhunderts waren es vor allem drei Ereignisse, die sein Bewusstsein prägten:

Da war als erstes Fritz Bauers Begegnung mit Gustav Radbruch (1878-1949). Die Ideen des Rechtswissenschaftlers und Sozialdemokraten Radbruch faszinierten ihn. Zwar erlebte er Radbruch, der inzwischen als Justizminister tätig war, nicht im Hörsaal, aber seine Schriften, insbesondere die *Einführung in die Rechtswissenschaft*, hatte er bereits in Heidelberg bewegt und begeistert gelesen. Radbruch habe unterschieden »zwischen zwei Juristentypen, dem Juristen aus Ordnungssinn und dem aus Freiheitssinn« – und gerade ein solcher, ein Jurist aus Freiheitssinn, wollte Bauer werden.[9]

Das zweite Ereignis, das ihn prägte, war das Attentat auf Reichsaußenminister Walther Rathenau (*1867) im Jahr 1922. Rechtsextremisten ermordeten den als »Erfüllungspolitiker« geschmähten Minister just in dem Augenblick, da er den Kriegsgegnern Zugeständnisse abgerungen hatte, die der Republik zum Überleben verhalfen. »Der Feind steht rechts!«, lautete der Alarmruf des Reichskanzlers Joseph Wirth (1879-1956) bei der Trauerfeier für Rathenau im Reichstag in Berlin. Die zunehmende Aggressivität der Rechtsextremisten veranlasste den Studenten Fritz Bauer und seine Freunde zu einem Appell an den Schriftsteller Thomas Mann (1875-1955), der jetzt nicht mehr schweigen dürfe, sondern helfen müsse, das republikanische Vaterland zu verteidigen. »Thomas Mann«, so die Erinnerung Bauers, »den wir über alles liebten und der unsere Jugend bestimmt hat seit den Tagen des Tonio Kröger […] wird jetzt auf unserer Seite stehen«. Tatsächlich habe der Dichter reagiert und umgehend zurück geschrieben: »Wir hätten Recht, er stünde auf unserer Seite«. Was dann folgte, war Thomas Manns bekannte Rede über die deutsche Republik, die noch im selben Krisenjahr in die Welt hinausging.[10]

Als Drittes bestimmte die Begegnung mit Kurt Schumacher (1895-1952) den Lebensweg Fritz Bauers. Unmittelbar nach seinem Examen

---

9   Bauer, »Im Kampf um des Menschen Rechte«, a. a. O., S. 41.

10  ALS SIE NOCH JUNG WAREN / Dr. Fritz Bauer, TV-Dokumentation 1967, Interviewerin: Renate Harpprecht (wie Anm. 7).

suchte er, »mit dem inneren Drang, irgendetwas zu tun«, Kontakt zu
Kurt Schumacher, der 1920 in Stuttgart als Chefredakteur der *Schwäbi-*
*schen Tagwacht* tätig war.[11] Bauer schloss sich der Republikschutzorgani-
sation »Reichsbanner Schwarz Rot Gold« an, deren Stuttgarter Leitung
ihm später übertragen wurde, und er hätte nichts dagegen gehabt, wenn
sich die linken Parteien vereint gegen die Nazis gestellt hätten, um deren
drohende Machtübernahme zu verhindern.

## Juristische Maximen und deutsche Wirklichkeit

### Lektion im Völkerrecht – »Kriegsverbrecher vor Gericht«

Die Jahre nach 1933 bestärkten Fritz Bauer in seiner Lebensmaxi-
me, die eine Aufforderung zu mehr Mut und Zivilcourage war. Zu
viele, schrieb er, machten im nationalsozialistischen Unrechtsstaat
mit, schauten weg oder schwiegen: »... bei den ›Arisierungen‹, bei der
... Umsiedlung und Vertreibung von Millionen, bei harten, mitunter
grausamen Gerichtsentscheidungen, ... in den Konzentrations- und
Vernichtungslagern, bei den Einsatzgruppen des Ostens und bei vielen
anderen Unrechtstaten«.[12] Ursache des Rückfalls in die Barbarei war
nach Auffassung des Juristen die Auflösung des Rechtsbewusstseins.
Die erlebte Wirklichkeit des NS-Regimes bekräftigte ihn in seiner
Skepsis gegenüber »höheren« Werten und angeblich universell gültigen Prinzipien. Die Menschen wären ja doch verpflichtet gewesen, den
bedrängten Juden zu helfen.

Auf der lebenslangen »Suche nach dem Recht«[13], so der Titel einer
später verfassten Grundsatz-Publikation, bedrückte ihn das Wissen
um die Vergeblichkeit dieser Suche, aber er glaubte daran, dass sich
Gegenwart und Zukunft im Sinne von Recht und Gerechtigkeit gestal-
ten ließen, weil letztlich alle Menschen das richtige, das wahre Recht

---

11   Ebd.
12   Fritz Bauer, Die Wurzeln faschistischen und nationalsozialistischen Han-
     delns. Frankfurt am Main 1965, S. 32.
13   Fritz Bauer, Auf der Suche nach dem Recht. Stuttgart 1966.

suchten. In seinem Buch *Die Kriegsverbrecher vor Gericht*[14], das er während des Exils in Schweden verfasste, präsentierte er seine Vision von der Wiedererrichtung des Rechtes durch die strafrechtliche Auseinandersetzung mit staatlich sanktionierten Verbrechen von bis dahin unbekanntem Ausmaß. Sie entsprach den völkerstrafrechtlichen Kategorien des Internationalen Militärtribunals von Nürnberg und prägte seine Auseinandersetzungen mit der westdeutschen Nachkriegsjustiz, die aus überzeugten Nationalsozialisten und Vollstreckern des Massenmordes angeblich willenlose und wehrlose Gehilfen, lediglich verblendete Fanatiker an der Spitze des »Dritten Reiches« machte.

Die Weigerung der Justiz, sich der Vergangenheit, nicht zuletzt der eigenen, ernsthaft zu stellen, ging einher mit der Schlussstrichmentalität großer Teile der Gesellschaft. Die Täter beriefen sich auf Befehl und Gehorsam, und die Gerichte attestierten ihnen bereitwillig mangelndes Unrechtsbewusstsein. Bauer hingegen erklärte, mangelndes Unrechtsbewusstsein schließe den Vorsatz nicht aus. Nationalsozialisten brauchten keinen Befehl, um das, was sie ohnedies für richtig hielten, mit anderen Worten ihren »eigenen Nationalsozialismus«, in die Tat umzusetzen.[15]

Bauers 1944 in Schweden und 1945 in der Schweiz erschienenes Buch *Kriegsverbrecher vor Gericht* wurde bis heute von keinem deutschen Verlag gedruckt. Dabei handelt es sich bei dem Werk nicht nur um einen Meilenstein der Arbeit am Völkerrecht, sondern auch um einen der ersten großen Entwürfe zur Erklärung der historisch-politischen Ursachen des Nationalsozialismus. Für Bauer hatte der Nazi-Ungeist seine Wurzeln in überliefertem obrigkeitsstaatlichen und autoritären Denken und Handeln, in falsch verstandener Treue und Anpassung, in antidemokratischen Affekten und der Bereitschaft, sich selbst und gegebenenfalls auch andere zu unterwerfen.[16]

---

14    Fritz Bauer, Die Kriegsverbrecher vor Gericht. Zürich / New York 1945.

15    Fritz Bauer, »Zu den Naziverbrecher-Prozessen« (1963), in: Ders., Die Humanität der Rechtsordnung, S. 101-117, hier S. 110.

16    Bauer, Die Wurzeln faschistischen und nationalsozialistischen Handelns, a. a. O.

## Verdrängung anstelle »Revolution des Geistes«

Die Hoffnung auf eine »Revolution des Geistes« ließ Bauer 1949 nach
Deutschland zurückkehren. Die Entscheidung wurde ihm nicht leicht
gemacht. Ähnlich erging es Max Horkheimer (1895-1973), der im
selben Jahr aus dem amerikanischen Exil nach Deutschland zurück-
kam und zusammen mit Theodor Adorno (1903-1969) das berühmte
Frankfurter Institut für Sozialforschung zu neuem Leben erweckte.
Ausdrücklich begründete Horkheimer seine Rückkehr damit, der Erziehung zum Widerstand dienen zu wollen, um den »wenigen Menschen, welche unmittelbar unter dem Schrecken Hitlers ihm innerlich
und äußerlich widerstanden haben«, jetzt die erforderliche Ermutigung
zu geben.[17]

Willkommen waren diese Heimkehrer jedoch nicht. Sie machten
vielen Deutschen ein schlechtes Gewissen, waren sie doch der lebende
Beweis, dass man sich mit den Nationalsozialisten nicht arrangieren
musste, sondern Nein sagen konnte, insbesondere zur Verfolgung der
Juden, mit deren Schicksal die Deutschen jetzt konfrontiert wurden.
Hannah Arendt (1906-1975) zufolge, die 1950 auf Besuch nach Deutschland kam, lag damals über Europa »ein Schatten tiefer Trauer«. Doch
nirgends wurde nach ihrem Eindruck der »Alptraum von Zerstörung
und Schrecken« weniger verspürt und nirgendwo sei weniger darüber
gesprochen worden, als in Deutschland.« Sie sah darin eine »Flucht
vor der Wirklichkeit« und »natürlich auch eine Flucht vor der Verantwortung«.[18]

Als Fritz Bauer sein Amt als Landgerichtsdirektor in Braunschweig
antrat, prägte der kalte Krieg zwischen Ost und West das politische Klima in Deutschland. Die Auseinandersetzung mit dem Nationalsozialis-

---

17    Vgl. Christian Schneider, »Trauma und Zeugenschaft«, in: Mittelweg 36, Jg.
       16 (2007), Juni Juli-Heft, S. 59-74, hier S. 68f.; siehe besonders den Aufsatz
       von Alex Demirović, »Das Glück der Wahrheit. Die Rückkehr der ›Frank-
       furter Schule‹«, in: Die neue Gesellschaft. Frankfurter Hefte, 36. Jg. (1989),
       Nr. 8, S. 700-707.

18    Arendt, Hannah, »Besuch in Deutschland 1950. Die Nachwirkungen des
       Naziregimes«, in: Dies., Zur Zeit. Politische Essays. Hrsg. v. Marie Luise
       Knott. Berlin 1986, S. 43-70, hier S. 43-45.

mus rückte zugunsten der Auseinandersetzung mit dem Kommunismus in den Hintergrund. Überall fassten die vorübergehend abgetauchten Anhänger und Förderer des Nazi-Regimes wieder Fuß, und die von den Siegermächten angeordnete und von den Deutschen halbherzig bis überhaupt nicht betriebene Entnazifizierung kam vollends zum Erliegen. Fritz Bauer sah sich darin bestätigt, dass die Justiz, die den Nationalsozialisten als willfähriges Instrument zu Diensten war, keine grundlegende Erneuerung erfahren hatte.

## Kampf für die Entnazifizierung

### Versäumnisse bei der juristischen
### Ahndung der Nazi-Verbrechen

Doch der Generalsstaatsanwalt ließ sich nicht beirren. Die Auseinandersetzung mit den Wurzeln des Nationalsozialismus hielt er, im Gegensatz zu den meisten seiner Juristenkollegen, für unumgänglich. In den Prozessen wegen nationalsozialistischer Gewaltverbrechen konfrontierte Bauer die Täter und Mitläufer mit ihrer Nazi-Vergangenheit. Er war der Generalstaatsanwalt, der die Mörder von Auschwitz anklagte, schrieb die Juristin Ilse Staff.[19] Deshalb verfolgten ihn Drohbriefe und Anfeindungen bis zum Tod.

Die Hindernisse, die Fritz Bauer zu überwinden hatte, waren so lang wie die Liste der Versäumnisse, die sich die Justiz und Polizeistellen bei der Ahndung nationalsozialistischer Verbrechen zuschulden kommen ließen:

• die beherrschende Stellung ehemaliger Diener des nationalsozialistischen Unrechtsstaates in der Justiz und im Beamtenapparat des demokratischen Rechtsstaates,

• das Desinteresse der Justiz und der Polizei an der Verfolgung und Bestrafung von NS-Verbrechern,

---

19  So formulierte Ilse Staff, »In memoriam Fritz Bauer«, in: Tribüne. Zeitschrift zum Verständnis des Judentums, 7. Jg. (1968), H. 27, S. 2857-2859, hier S. 2858.

- die Gehilfenrechtsprechung der Gerichte, die Massenmördern zugute hielt, nicht aus eigenem Antrieb, sondern nur auf Befehl gehandelt zu haben, und,
- besonders schwer wiegend, die mangelnde Empathie mit den Opfern.

## »Eine Grenze hat Tyrannenmacht« – Widerstandsrecht und Widerstandspflicht

Fritz Bauer wollte sich nicht damit abfinden, dass staatlich gebilligte Kriminalität, angefangen von der so genannten Schutzhaft für politische Gegner bis hin zur physischen Vernichtung von Menschen aus purem Rassenwahn, anders bewertet wurde, als die normale alltägliche Kriminalität. Für ihn war der nationalsozialistische Staat nicht ein Staat wie jeder andere, sondern ein Unrechtsstaat, der jedermann zum Widerstand berechtigte und verpflichtete.

Neben der Selbstaufklärung der Gesellschaft hatten die NS-Prozesse für ihn vor allem den Sinn, dem Widerstandsrecht und Widerstandshandlungen zu neuer Geltung zu verhelfen. Einen entscheidenden Erfolg erzielte er dabei 1952 als Generalstaatsanwalt in Braunschweig in dem Verfahren gegen Otto Ernst Remer.[20] Der ehemalige Kommandeur des Berliner Wachbataillons »Großdeutschland« hatte 1944 wesentlich zur Niederschlagung des Aufstandes vom 20. Juli beigetragen. Nach Kriegsende bezeichnete er die Beteiligten an dem Attentat auf Hitler als vom Ausland bezahlte »Hoch- und Landesverräter«. Wegen dieses Vorwurfs, den er 1951 auf einer Veranstaltung der von ihm mitbegründeten neonazistischen Sozialistischen Reichspartei erhoben hatte, musste sich Remer vor dem Braunschweiger Landgericht verantworten. Die Anklage lautete auf üble Nachrede in Tateinheit mit der Verunglimpfung des Andenkens Verstorbener. Vertreten wurde sie von Fritz Bauer.

---

20   Claudia Fröhlich, »Der Braunschweiger Remer-Prozeß 1952. Zum Umgang mit dem Widerstand gegen den NS-Staat in der frühen Bundesrepublik«, in: Schuldig. NS-Verbrechen vor deutschen Gerichten. Hrsg. v. der KZ-Gedenkstätte Neuengamme. Beiträge zur Geschichte der nationalsozialistischen Verfolgung in Norddeutschland, Bd. 9, S. 17-28. Dies., Wider die Tabuisierung des Ungehorsams. Fritz Bauers Widerstandsbegriff und die Aufarbeitung von NS-Verfahren. Frankfurt am Main 2006.

Der Generalstaatsanwalt erreichte die vollständige Rehabilitierung der Männer des 20. Juli 1944. In seinem Plädoyer erklärte er, 1944 sei der Krieg für Deutschland längst verloren und das deutsche Volk »total verraten« gewesen. Allein deshalb hätten die am Attentat Beteiligten überhaupt keinen Landesverrat verüben können. Das »Dritte Reich« sei ein »Unrechtsstaat und deswegen sittenwidrig und nichtig gewesen«; ein solcher Unrechtsstaat, der täglich Zehntausende Morde begeht, berechtige jedermann zur Notwehr und zur Nothilfe. Einer der Kernsätze des Plädoyers lautete: »Ein Unrechtsstaat wie das Dritte Reich ist überhaupt nicht hochverratsfähig«.[21]

Das Urteil bestätigte Bauers Darlegungen in vollem Umfang. »Die Strafkammer ist der Auffassung, dass der nationalsozialistische Staat kein Rechtsstaat, sondern ein Unrechtsstaat war, der nicht dem Wohle des deutschen Volkes diente.« Alles »war schreiendes Unrecht, dessen Beseitigung geboten war«.[22] Rudolf Wassermann (1925-2008), später Präsident des Oberlandesgerichts Braunschweig, bezeichnete das Braunschweiger Verfahren als den »bedeutendsten Prozess mit politischem Hintergrund seit den Nürnberger Kriegsverbrecherprozessen und vor dem Frankfurter Auschwitzprozess«.[23] Vielen galt Fritz Bauer fortan als außergewöhnlicher und brillanter Ankläger, andere sahen in ihm einen »Nestbeschmutzer«, und ließen ihn das auch spüren.

---

21   Fritz Bauer, »Eine Grenze hat Tyrannenmacht. Plädoyer im Remer-Prozeß« (1952), in: Ders., Die Humanität der Rechtsordnung (wie Anm. 2), S. 169-179, hier S. 177. Auf einem anderen Blatt steht, dass Angehörige des Widerstands der Arbeiterbewegung in dem Prozess nicht als Nebenkläger auftraten. Fritz Bauer war sich darüber im Klaren, dass es seine Prozessstrategie sein musste, den Widerstand der Kommunisten und Sozialdemokraten (er selbst war Mitglied der SPD) in das Verfahren nicht einzubeziehen, um zu erreichen, dass der NS-Staat als Unrechtsstaat anerkannt und die Attentäter dementsprechend rehabilitiert wurden. Selbstverständlich war damit die Hoffnung auf künftige Prozesse und juristische Richtigstellungen verbunden.

22   Auszug aus der Urteilsbegründung, vgl. Rüdiger Proske, »Prozeß um den 20. Juli«, in: Der Monat, Jg. 4 (1952), H. 43, S. 16-21, hier S. 21.

23   Rudolf Wassermann, »Zur juristischen Bewertung des 20. Juli 1944«, in: Recht und Politik (1984), 2, S. 78.

## Die »Endlösung« vor Gericht –
## Eichmann, Bormann, Mengele und Globke

1956 übernahm Fritz Bauer das Amt des Generalstaatsanwalts am Oberlandesgericht in Frankfurt am Main. Dort sah er seine Hauptaufgabe darin, Beteiligte am Massenmord an den Juden vor Gericht zu bringen. Einer von ihnen, der ehemalige SS-Obersturmbannführer Adolf Eichmann, hatte sich bis dahin dem Zugriff der Behörden entzogen und war in Argentinien untergetaucht.

Von einem ehemaligen KZ-Häftling erfuhr Bauer den Aufenthaltsort Eichmanns. Im Wissen um die Unlust deutscher Strafverfolgungsbehörden bei der Ahndung von Nazi-Verbrechen gab er seine Information im Einvernehmen mit seinem Vorgesetzten, dem hessischen Ministerpräsidenten und Justizminister Georg August Zinn (1901-1976), an die Israelis weiter, die Eichmann vor Gericht stellten und zum Tode verurteilten.[24] Weniger Glück hatte er in den Fällen Mengele und Bormann.

Bei der Fahndung nach Auschwitz-Tätern kam Bauer wieder der Zufall zu Hilfe, er holte den Prozess nach Frankfurt am Main. Mit Unterstützung des Internationalen Auschwitz-Komitees gelang es der Anklagebehörde, 211 Überlebende als Zeugen zu benennen. Zwei Jahre nach dem Eichmann-Prozess in Jerusalem begann in Frankfurt am Main das bis dahin umfangreichste Schwurgerichtsverfahren in der deutschen Justizgeschichte, der von Fritz Bauer initiierte erste Frankfurter Auschwitz-Prozess.[25]

### Der Auschwitz-Prozess

Überlebende und Zeithistoriker ließen in der Hauptverhandlung das Grauen lebendig werden, das sich mit dem Namen Auschwitz verbindet. Mehr als eine Million Menschen, darunter viele Kinder, wurden

---

24 Vgl. über die Auffindung Eichmanns mit Hilfe des Dachau-Überlebenden Lothar Hermann, der Eichmann in Argentinien erkannte und Fritz Bauer informierte: Irmtrud Wojak, Eichmanns Memoiren. Ein kritischer Essay. Berlin 2014 (Originalausgabe Frankfurt am Main 2001).

25 Irmtrud Wojak, 4 Ks 2/63. Auschwitz-Prozeß. Frankfurt am Main. Köln / Gent 2004.

in Auschwitz ermordet, die meisten starben qualvoll an den giftigen Dämpfen des Schädlingsbekämpfungsmittels namens Zyklon B. Am 19. und am 20. August 1965 wurde der Urteilsspruch verkündet, der einer Verhöhnung der Opfer gleichkam. Weder entsprachen die Strafen dem Ausmaß des Verbrechens, noch die Einstufung eines Großteils der Angeklagten lediglich als Gehilfen. Eine Strafe für Massenmord dieses Ausmaßes sei im Strafgesetzbuch nicht vorgesehen, betonte der Vorsitzende Richter Hofmeyer. Die Angeklagten konnten nach Meinung des Gerichtes nur für Taten bestraft werden, die ihnen zugerechnet und nachgewiesen werden konnten. So etwa die Teilnahme an den Selektionen auf der Rampe in Auschwitz, bei denen SS-Angehörige durch eine kurze Handbewegung darüber entschieden, wer von den Angekommenen sofort »ins Gas« musste, und wer vorher noch Sklavenarbeit verrichten durfte. SS-Angehörige des Wachpersonals ermordeten auf eigene Faust eine Vielzahl von Häftlingen, manche suchten sich speziell Juden als ihre Opfer aus. Dem einen diente die Spritze mit giftigem Phenol als Mordwerkzeug, andere prügelte Häftlinge zu Tode oder ließen sie in Stehzellen verdursten.

Der Auschwitz-Prozess habe dieses »kollektive Geschehen« privatisiert und es dadurch entschärft, kritisierte der hessische Generalstaatsanwalt unter dem Eindruck des Prozess-Ausgangs.[26] Das war von Anfang seine Befürchtung gewesen.

## Schreckensbild des NS-Unrechts

Neben dem Eichmann- und dem Auschwitz-Prozess setzte Fritz Bauer zahlreiche andere Verfahren in Gang, die das Geschehen während der NS-Zeit beleuchten und Mitverantwortliche zur Rechenschaft ziehen sollten, unter anderem

- ein Verfahren gegen Adenauers Staatssekretär Hans Globke, den Kommentator der Nürnberger Rassegesetze,
- die Prozesse gegen die Verantwortlichen der NS-Euthanasie,

---

26  Fritz Bauer, »Im Namen des Volkes. Die strafrechtliche Bewältigung der Vergangenheit« (1965), in: Ders., Die Humanität der Rechtsordnung (wie Anm. 2), S. 77-90, hier S. 84.

- ein Verfahren gegen führende NS-Juristen, die es widerspruchslos hinnahmen, als der geschäftsführende Reichsjustizminister Schlegelberger von ihnen verlangte, nichts gegen die Anstaltsmorde zu unternehmen,
- Prozesse in Sachen SS-Reichssicherheitshauptamt,
- Anstöße für den Darmstädter Einsatzgruppen-Prozess,
- 1966 die Anklage gegen Angehörige des Sonderkommandos 4a (Einsatzgruppe C) wegen des Massenmordes im ukrainischen Babi Jar,
- der Prozess gegen die Eichmann-Helfer Krumey und Hunsche wegen der Deportation von über 400.000 ungarischen Juden nach Auschwitz,
- die Anklage gegen Beger und andere wegen der so genannten »jüdischen Skelettsammlung« der Reichsuniversität Straßburg, in der Überreste von jüdischen Häftlingen gezeigt wurden, die eigens für diesem Zweck in Auschwitz ausgesucht und ermordet worden waren,
- und nicht zuletzt wollte Bauer den Fall des Adolf Heinz Beckerle aufklären. Beckerle war während des NS-Regimes Polizeipräsident in Frankfurt am Main. Zwischen 1941 und 1944 half er als »Reichsbevollmächtigter« in Sofia, Zehntausende thrakische und mazedonische Juden dem Organisator des Massenmordes, Adolf Eichmann, in die Fänge zu treiben; usw. usf.

## Was Menschsein bedeutet

### Ungehorsam als Lehre aus der Geschichte

Fritz Bauer wollte der Nachwelt vor Augen führen, »wie dünn die Haut der Zivilisation war und ist«, »was Menschsein in Wahrheit bedeuten sollte, und was wir zu lernen haben«.[27] Es ging ihm nicht in erster Linie darum, Schuldige zu verurteilen, er wollte die Wurzeln nationalsozialistischen Handelns bloßlegen, um die Menschen vor einem Rück-

---

27    Fritz Bauer, »Antinazistische Prozesse und politisches Bewußtsein: Dienen NS-Prozesse der politischen Aufklärung?«, in: Hermann Huss, Andreas Schröder (Hrsg.), Antisemitismus: Zur Pathologie der bürgerlichen Gesellschaft. Frankfurt/M. 1965, S. 168-193, S. 176.

fall in die Barbarei zu bewahren. Mit »Gerichtstag halten«[28] meinte er kritische Selbstreflexion im Sinne von Theodor W. Adorno und der »negativen Dialektik«, die ihren Ursprung nach Adorno darin hat, »daß durch etwas wie Auschwitz deutlich geworden ist, was allerdings den Menschen, die keine Positivisten waren, sondern gerade den spekulierenden und den tiefen Menschen keine Überraschung gewesen ist: daß nämlich die Kultur bis ins Innerste hinein mißlungen ist«.[29] Praktisch bedeutete dies die Notwendigkeit einer neuen Pädagogik der Menschlichkeit. Fritz Bauer hat sie oftmals eingefordert in der Überzeugung, dass richtiges Handeln in der Vernunft allein nicht aufgeht. Aufgabe der Pädagogik war aus seiner Sicht, ein Selbstbewusstsein zu entwickeln und zu fördern, dass keiner »Intoleranz und Aggressivität nach außen bedarf.«[30]

Blinder Glaube an die vermeintliche Richtigkeit staatlichen Handelns und mangelnde Zivilcourage, das war nach Bauer der Boden, in dem nationalsozialistisches Denken und Handeln Wurzeln schlagen konnten. Damit hatte er die reaktionären Eliten an ihrer empfindlichen Stelle getroffen und sich ihre niemals endende Feindschaft zugezogen. Sie, die dem wilhelminischen Kaiserreich nachtrauerten und der Weimarer Demokratie nie etwas abgewinnen konnten, die Hitler in den Sattel geholfen hatten und nach dessen Ende bald wieder obenauf waren, sie hatten an einer Auseinandersetzung mit der Vergangenheit kein Interesse. Dass Bauer ein gesetzlich verbrieftes Recht auf Widerstand erstritten hatte, empfanden sie als Niederlage, Vorträge über das Thema »Ungehorsam und Widerstand in Geschichte und Gegenwart« waren ihnen ein Gräuel.[31]

Genau mit diesem Thema wandte sich Fritz Bauer am 21. Juni 1968

---

28  Bauer, Die Wurzeln faschistischen und nationalsozialistischen Handelns, a. a. O., S. 66 f.

29  Theodor W. Adorno, Metaphysik. Begriff und Probleme (1965). Hrsg. v. Rolf Tiedemann, in: Nachgelassene Schriften. Hrsg. v. Theodor W. Adorno Archiv. Abt. IV: Vorlesungen. Bd. 15, Frankfurt am Main 1998, S. 185.

30  Fritz Bauer, »Die ›ungesühnte Nazi-Justiz‹« (1960), in: Ders., Die Humanität der Rechtsordnung (wie Anm. 2), S. 119-141, hier S. 140.

31  Fritz Bauer, »Ungehorsam und Widerstand in Geschichte und Gegenwart«, in: Vorgänge: Eine kulturpolitische Korrespondenz, Jg. 7 (1968), H. 8/9, S. 286-292.

zum letzten Mal an die Öffentlichkeit, dort, wo die Geschwister Scholl mit den Flugblättern der »Weißen Rose« zum Widerstand gegen Hitler aufgerufen hatten, im Gebäude der Münchner Universität. Sein Vortrag, gehalten wenige Tage vor seinem Tod, liest sich im Nachhinein wie sein Vermächtnis, wie ein einziger Appell an das Gewissen der Menschen, sich usurpierter staatlicher Gewalt nicht zu unterwerfen, sondern Mut zum Ungehorsam und zum Widerstand zu haben.

»Alle im Namen des Widerstandsrechts erfolgten Handlungen, auch Unterlassungen im Sinne des Ungehorsams, sind der Versuch einer Kritik, einer Einflussnahme, einer Korrektur staatlichen Geschehens, das gewogen und möglicherweise zu leicht befunden wird. Maßstab ist, so wie das Widerstandsrecht überkommen ist, freilich nicht ein neues Recht, sondern immer ein altes Recht, das nach Auffassung der Widerstandskämpfer von Staats wegen gebeugt wird. Widerstandsrecht meint nicht Revolution, sondern Realisierung eines bereits gültigen, aber nicht verwirklichten Rechts.« Das Grundgesetz fordere »eine Pflicht zum Ungehorsam«. Auch im Beamtengesetz und im Soldatengesetz sei diese Pflicht verankert. Es gebe ein Recht auf Befehlsverweigerung und Ungehorsam, »wenn ein Befehl [...] die Menschenwürde verletzt«. Auf der »Annahme einer solchen Pflicht zum Ungehorsam« beruhten nach den Worten von Fritz Bauer ausnahmslos sämtliche Prozesse gegen Beteiligte an nationalsozialistischen Verbrechen: auf der Pflicht, »das Böse zu unterlassen« und nicht zum Gehilfen des Unrechts zu werden.[32]

Im selben Jahr, in dem der Auschwitz-Prozess begann, im Jahr 1963, wandte sich Papst Johannes XXIII. mit seiner Enzyklika *Pacem in Terris* an die Menschheit. Die darin postulierten Grundsätze entsprachen der Lebensphilosophie Fritz Bauers. »Wenn etwas befohlen wird – sei es durch Gesetz oder Befehl – was rechtswidrig ist, was also im Widerspruch steht zu den (...) Geboten, etwa den zehn Geboten (...) dann musst Du Nein sagen.«[33] Solche Gesetze und Befehle seien stets »null und nichtig«

---

32   Ebd., S. 286 und 291.

33   Zitat aus einem Rundfunk-Interview von F. Bauer, »Zu den Naziverbrecher-Prozessen. Gespräch im NDR« (1963), in: Ders., Die Humanität der Rechtsordnung (wie Anm. 2), S. 101-117, hier S. 113.

gewesen. Doppelt und dreifach unterstrich Bauer die zentralen Lehrsätze im Sendschreiben des Papstes. »Wenn (...) Staatsbehörden die Rechte der Menschen nicht anerkennen oder sie verletzen, weichen sie nicht nur von ihren Aufgaben ab, vielmehr verlieren ihre Anordnungen auch jede rechtliche Verpflichtung!« So stand es in der Friedensbotschaft vom 11. April 1963 im Kapitel über die »Beziehungen zwischen den Menschen und der Staatsgewalt«, die der Konzilspapst noch kurz vor seinem Tode allen Menschen ins Gewissen rufen wollte.[34]

Zahlreiche Stichwort kritzelte Fritz Bauer auf die Rückseite des Broschürenheftes mit dem Wortlaut der Enzyklika. Er fühlte sich ermutigt in seinem Kampf gegen die Verharmloser eigenen Versagens, die immer nur ihre Pflicht getan haben wollten. Mitten unter die nur schwer zu entziffernden Notizen schrieb er, Zeugnis tiefer Erschütterung, das Wort seiner Mutter: »Was du nicht willst, dass man dir tu', das füg' auch keinem andern zu«. Eine andere handschriftliche Anmerkung von ihm besagte: »nicht Gesetz ist Gesetz, Befehl ist Befehl«. Diese Worte, so Bauer, bedeuteten ein eindeutiges Nein gegenüber allen Arten von »Nürnberger Gesetzen«, von Verletzungen menschlicher Würde und Freiheit.[35]

## Würdigung und Gedenken

Nur eine Auszeichnung wurde Fritz Bauer zu Lebzeiten zuteil: ausgerechnet die nach dem bayerischen Volksdichter benannte Ludwig-Thoma-Medaille für Zivilcourage der Stadt München. Verliehen wurde sie ihm posthum vom Münchner Oberbürgermeister Dr. Hans-Jochen Vogel. Danach wurde Fritz Bauer weitgehend vergessen. Die Umstände seines Todes sind nie geklärt worden. Die Akten verzeichnen schwerwiegende Versäumnisse.[36] Zornig fragte bei der Trauerfeier

---

34  Zitate auf den S. 16 ff. in dem von der Katholischen Nachrichten-Agentur verbreiteten Sonderdruck der Enzyklika der Vatikanischen Polyglott-Druckerei, 1963.

35  Bauer, »Lebendige Vergangenheit«, S. 163.

36  Dazu Rautenberg, »Die Demontage von Generalstaatsanwalt Dr. Fritz Bauer«, S. 376.

der frühere Ankläger beim Internationalen Nürnberger Gerichtshof, Robert M. W. Kempner, sich und die Freunde des Frankfurter Generalstaatsanwalts nicht allein: »Was haben wir für ihn getan?« Für Kempner war Fritz Bauer der Sprecher der Ermordeten und der Überlebenden der Nazi-Konzentrationslager, der »größte Botschafter, den die Bundesrepublik hatte«.[37]

*Fritz Bauer (Foto: Fritz Bauer Institut)*

---

37   Hessischer Minister der Justiz (Hrsg.), Fritz Bauer. In Memoriam. Wiesbaden 1969, S. 26.

# III.
# An den Wurzeln des Unheils

## Über Fritz Bauers Wirken als politischer Mensch

Von Conrad Taler

*Dieser Text wurde am 19. Dezember 1993 von Radio Bremen veröffentlicht, zu einer Zeit, da es das Fritz Bauer Institut in Frankfurt am Main noch nicht gab.*

Obwohl der am 30. Juni 1968 verstorbene hessische Generalstaatsanwalt Dr. Fritz Bauer als Initiator des Auschwitz-Prozesses zu den herausragenden Persönlichkeiten der deutschen Nachkriegsgeschichte gehört, lassen sich Daten über sein Leben nicht ohne weiteres finden. Nachschlagewerke wie das Neue Taschenlexikon des Bertelsmann-Verlages, das Kleine Lexikon der Deutschen Büchergilde, die Chronik des 20. Jahrhunderts oder das Duden-Lexikon, halten zwar den oberbayerischen Erzähler Josef Martin Bauer und den Erfinder des ersten Unterseebootes Wilhelm Sebastian Valentin Bauer für erwähnenswert, nicht aber den ehemaligen hessischen Generalstaatsanwalt Dr. Fritz Bauer.

Woran mag das liegen? Dass Fritz Bauer das Jahrhundertverfahren gegen Verantwortliche des Massenmordes von Auschwitz in Gang gesetzt hat, kann schwerlich der Grund dafür sein. Ganz im Gegenteil – das allein müsste ihm einen Platz in den Geschichtsbüchern sichern. Nein, die Ursachen liegen woanders, nämlich im politischen Wirken dieses ungewöhnlichen Mannes, der ungeachtet seiner hohen Stellung im Staatsdienst immer dann seine Stimme erhob, wenn er die Bürgerrechte durch ausufernde staatliche Macht in Gefahr sah. Davon soll hier die Rede sein und von der Art und Weise, in der dieser leidenschaftliche Demokrat und unbequeme Mahner mundtot gemacht werden sollte.

Fritz Bauer, der mit 65 Jahren an Herzversagen starb, hat Freunden gegenüber kein Hehl daraus gemacht, wie tief ihn manche Verleumdung getroffen hat, wie verzweifelt er deswegen oft war und wie einsam er sich fühlte. Die Verfolgungen während der Nazizeit hatten ihn verletzbar gemacht. Der begabte Jurist war gleich nach der Machtübernahme durch Hitler aus dem Amt gejagt und in ein Konzentrationslager gesperrt worden. Nach Ansicht der neuen Herren hatte der jüngste Amtsrichter Deutschlands einen doppelten Makel – er war Sozialdemokrat und Jude obendrein. Bauer wurde zunächst in dem KZ auf dem schwäbischen Heuberg und anschließend bis Ende 1933 in der Ulmer Strafanstalt gefangen gehalten. Um weiterer Verfolgung zu entgehen, floh er 1936 aus

Deutschland zunächst nach Dänemark und später nach Schweden, wo ihm Asyl gewährte wurde.

Nachdem 1949 die Bundesrepublik Deutschland gegründet worden war, kehrte der Vertriebene in die Heimat zurück. Rasch machte er sich einen Namen als Vorkämpfer für eine Reform des Strafrechts und des Strafvollzugs. Seinen ersten größeren Konflikt handelte Fritz Bauer sich 1960 als hessischer Generalstaatsanwalt ein, als er ein strafrechtliches Vorermittlungsverfahren gegen den Staatssekretär im Bundeskanzleramt und Vertrauten Konrad Adenauers, Dr. Hans Globke, einleitete. Dessen frühere Tätigkeit als Spezialist für Judenfragen im Nazi-Reichsinnenministerium war während des Prozesses der Israelis gegen den Beauftragten für die »Endlösung der Judenfrage«, Adolf Eichmann, wieder einmal ins Blickfeld gerückt.

Ohne auf Globkes eventuelle Mitschuld an der Judenverfolgung einzugehen – immerhin war er Mitverfasser des offiziellen juristischen Kommentar zur Umsetzung der Rassegesetze in die Praxis – warfen die Kritiker dem Generalstaatsanwalt Amtsmissbrauch und Politisierung der Justiz vor. Als ob das nicht reichte, verdächtigten sie ihn obendrein der Komplizenschaft mit den Kommunisten. Wie es denn zu erklären sei, fragten sie öffentlich, dass die Presse der Ostzone das Aktenzeichen des Globkeverfahrens eher gekannt habe als die Zeitungen der Bundesrepublik; offensichtlich gebe es da Querverbindungen.

In die Nähe der Kommunisten gerückt zu werden, war schon für einen normal Sterblichen existenzbedrohend, geschweige denn für einen Mann in exponierter Position. Ein amtierender Generalstaatsanwalt im Bunde mit dem politischen Erzfeind hinter dem Eisernen Vorhang – für die meisten ein unerträglicher Gedanke.

Doch nichts an dem schäbigen Verdacht stimmte. In Wirklichkeit war das Aktenzeichen des Verfahrens nicht von der DDR-Presse erstmals veröffentlicht worden, sondern vier Monate davor vom SPD-nahen »Hamburger Echo«. Aber die Schmutzwerfer hatten ihr Ziel erreicht. Fritz Bauer war stigmatisiert.

Hans Globke, der einstige Spezialist für Judenfragen im NS-Staat, behielt, ungeachtet des weltweiten Entsetzens über den Massenmord an den Juden, seinen Bonner Posten bis zum Erreichen des Pensionsalters. Er verließ das Kanzleramt 1963 zusammen mit seinem Mentor Konrad Adenauer.

Für Fritz Bauer bestand eine der Lehren aus dem Untergang der Weimarer Republik in der Erkenntnis, dass eine demokratische Ordnung nur dann auf sicherem Grund steht, wenn die Rechte der Bürger gegenüber der Macht des Staates gestärkt würden. So erklärt sich, dass er scharfe Kritik an der höchstrichterlichen Rechtsprechung zur Frage des Rechts auf passiven Widerstand gegen staatliches Unrecht übte. Nach seiner Meinung hatten verschiedene Senate des Bundesgerichtshofs in Urteilen zur Wehrdienstverweigerung das Recht auf passiven Widerstand unangemessen eingeschränkt. Der Generalstaatsanwalt machte deutlich, dass nach seiner Ansicht jeder das Recht zu solchem Widerstand gegen staatliches Unrecht besitze. Öffentlich verkündete er, in Deutschland müsse man lernen, nein zu sagen, wenn Verbrechen befohlen würden. Das Funktionieren der Demokratie hänge auch davon ab, dass falschem Gehorsam und missverstandener Loyalität ein Ende bereitet werde.

Bauers Kritik entzündete sich insbesondere an einer Entscheidung aus dem Jahr 1961, die großes Aufsehen erregte. Der Bundesgerichtshof hatte die Entschädigungsansprüche eines Wehrdienstverweigerers aus der NS-Zeit mit der Begründung zurückgewiesen, der Widerstand des Mannes sei eine Einzelaktion gewesen, die an den Verhältnissen nichts habe ändern können. Widerstand gegen eine Unrechtsherrschaft gelte nur dann als rechtmäßig, »wenn die Widerstandshandlung … als ein sinnvoller Versuch gewertet werden kann, den bestehenden Unrechtszustand zu beseitigen«. Das verneinte das Gericht im vorliegenden Fall. Dreißig Jahre dauerte es, bis ein anderes höchstes Gericht Wehrdienstverweigerung und Desertion unter Hitler als rechtmäßigen Widerstand gegen einen Unrechtsstaat anerkannte. Gestützt auf eine entsprechende Entscheidung des Bundessozialgerichts konnten von da an die Opfer der Nazi-Militärjustiz endlich mit Aussicht auf Erfolg eine Entschädigung beantragen.

Keiner wusste besser als Fritz Bauer, wie schwer gerade in Deutschland Verständnis für Auflehnung gegen die Obrigkeit zu wecken ist. Vor der Kirchlichen Bruderschaft in Hessen und Nassau klagte er Anfang der sechziger Jahre: »Das öffentliche Klima ist jedem Widerstand abhold.«

Immer gebe es zu wenig Menschen, die gegen den Strom schwimmen. Aber er machte auch Mut, indem er das demokratische Bewusstsein zu stärken versuchte. Normales Instrument des Widerstandes seien »eine unerschrockene öffentliche Meinung und eine wache Opposition«. Demokratie lade zu permanentem Widerstand ein und fordere die kämpferische Auseinandersetzung über die ihr eingelagerten Gegensätze in allen Bereichen des menschlichen Lebens.

Der glänzende Rhetoriker schlug seine Zuhörer landauf und landab in seinen Bann. Dass er mit seinen Vorträgen Widerspruch provozierte, nahm er als selbstverständlich in Kauf. Nichts war ihm so verhasst wie unpolitisches Spießertum und kritiklose kleinbürgerliche Loyalität. Immer wieder warnte er vor blinder Staatsgläubigkeit, weil sie nach seiner Überzeugung zur Abstumpfung des Rechtsgefühls führe. Abzulehnen sei eine Ordnung, »die den Menschen des freien Entschlusses in eigener Verantwortung entwöhne.«

Ein Mann mit dieser Grundüberzeugung konnte natürlich nicht schweigen, als die Bundesregierung mit Plänen für eine Notstandsverfassung an die Öffentlichkeit trat. In der mehrjährigen öffentlichen Debatte stand der hessische Generalstaatsanwalt auf der Seite derer, die zusätzliche Vollmachten für den Polizeiapparat ablehnten. Er befürchtete »praktisch unlimitierte Einschränkungen einer Reihe von Menschenrechten« für den Fall, dass die Entwürfe der Regierung in der vorliegenden Form angenommen würden.

Von solchen Befürchtungen wollten die Befürworter der Notstandspläne nichts hören, erst recht nicht von jemandem, der als oberster Ankläger eines Bundeslandes die Staatsgewalt verkörperte. Bauers Kritiker lagen seinen Dienstvorgesetzten mit der Klage in den Ohren, der hessische Generalstaatsanwalt gebe mit seinen »ständigen Stellungnahmen zu aktuellen Problemen« ein schlechtes Vorbild. Verantwortungslosigkeit warfen sie ihm vor und die Gefährdung des Vertrauens der Bürger in den demokratischen Rechtsstaat. Auch Bauer werde am Ende die Notstandsgesetze peinlich genau befolgen müssen, wenn der Bundestag sie erst einmal verabschiedet habe. Das geschah dann 1968, im Todesjahr Bauers, während der Zeit der Großen Koalition, also unter Mitwirkung seiner eigenen Partei.

Die fortgesetzten Angriffe auf den hessischen Generalstaatsanwalt hatten zur Folge, dass sein Ansehen bei politisch interessierten
jungen Menschen wuchs. Fritz Bauers weißer, etwas widerspenstiger
Haarschopf und die feste Stimme mit ihrem schwäbischen Akzent
erweckten Ehrfurcht und Respekt. Etwas Charismatisches ging von
der gedrungenen Gestalt aus, wo immer sie hinter einem Rednerpult
auftauchte. So nahm es nicht wunder, dass der Landesjugendring
von Rheinland-Pfalz den ehemaligen KZ-Häftling einlud, im Oktober 1960 auf einer Arbeitstagung zum Thema Rechtsradikalismus zu
sprechen.

Bauers Referat über »Die Wurzeln faschistischen und nationalsozialistischen Handelns« fand so viel Zustimmung, dass die Veranstalter
den Text drucken ließen, um ihn einem größeren jugendlichen Publikum zugänglich zu machen. Damit war der Kultusminister von Rheinland-Pfalz, Eduard Orth, überhaupt nicht einverstanden. Er verbot die
Verteilung der Broschüre mit den Ausführungen des hessischen Generalstaatsanwalts für sämtliche höheren und berufsbildenden Schulen
seines Bundeslandes. Zur Begründung erklärte der CDU-Politiker, ihr
Inhalt sei »sachlich fragwürdig und von einseitiger Betrachtungsweise
geprägt«.

Die SPD-Opposition im Mainzer Landtag nannte das Vorgehen
des Ministers einen Akt geistiger Bevormundung. Sie verlangte eine
Parlamentsdebatte über den Vorgang, aber das Verbot blieb bestehen.
Die Jugendorganisationen – mit Ausnahme der katholischen Jugend –
wollten die Sache jedoch nicht auf sich beruhen lassen. Sie forderten
den Kultusminister auf, seine Haltung in einem Streitgespräch mit Fritz
Bauer zu erläutern. Dazu war Eduard Orth aber nicht bereit.

Auf einer außerordentlichen Vollversammlung des Landesjugend-
ringes Anfang Oktober 1962 in Bad Kreuznach rechtfertigte an Stelle
des Ministers ein junger Landtagsabgeordneter der CDU das Verbot.
Nassforsch belehrte er den in KZ-Haft und Emigration ergrauten Generalstaatsanwalt, der zeitliche Abstand zum so genannten Dritten Reich
sei noch viel zu kurz, um ein abschließendes Urteil über den Nationalsozialismus fällen zu können. Der dies sagte, war kein anderer als
der spätere Bundeskanzler Helmut Kohl.

Ungeachtet aller Proteste blieb dem von den Nazis verfolgten An-
tifaschisten Fritz Bauer der Zugang zu den rheinland-pfälzischen Gym-
nasien verwehrt. Dagegen durfte wenig später Hitlers Großadmiral Karl
Dönitz nach der Entlassung aus Kriegsverbrecherhaft vor den Schülern
eines Gymnasiums im schleswig-holsteinischen Geesthacht mit Ein-
verständnis des zuständigen Kultusministers Osterloh von der CDU
seine Sicht der Dinge ungehindert ausbreiten. Später beklagten dann
Leute aus derselben politischen Ecke, die diesen und andere ähnliche
Skandale zu verantworten hat, das Wiederaufleben nazistischer und
rassistischer Gewalt.

Ich war als Journalist damals dabei in Bad Kreuznach und sehe die
Akteure des hitzigen Disputs im düsteren Saal des Bootshauses an der
alten Nahe-Brücke noch deutlich vor mir. Wenn ich in der inzwischen
vergilbten Broschüre blättere, die angehende Abiturienten nicht lesen
sollten, finde ich nichts, was nicht auch nach Jahrzehnten noch gültig
ist. Im Gegenteil – Bauers Warnungen vor einem Rückfall in frühere
Denkweisen und seine Analyse des Abgleitens der Weimarer Republik
in den gewalttätigen Rechtsextremismus der Nationalsozialisten sind
aktueller denn je.

»Statt einer ›Bewältigung der Vergangenheit‹, die auch damals notwendig war und die einen harten Willen zur Wahrheit erforderte, zog
man den Betrug und Selbstbetrug eines angeblichen Dolchstoßes vor
und suchte krampfhaft nach Sündenböcken. Man fand sie bald in ›Mar-
xisten‹, bald in Juden … Jeder Sündenbockmechanismus erwächst aus
Charakterschwäche; er ist ein infantiler Zug und alles andere als eine
männliche Reaktion. Je schwächer die Leute sind und je mehr sie von
Minderwertigkeitskomplexen geplagt werden, desto mehr rufen sie nach
Härte und desto gewalttätiger und brutaler treten sie auf, um ihr eigenes
Ungenügen und das Fiasko ihres Daseins zu verbergen. Die Kraftmeierei
des Nazismus, sein Geschrei, seine Demonstrationen, seine Verbrechen,
waren die Maske von neidischen Schwächlingen.«

Der Sündenbockmechanismus, von dem Fritz Bauer vor fast einem
halben Jahrhundert sprach, gehört keineswegs der Vergangenheit an.
Er ist nicht nur bei den Glatzköpfen zu beobachten, die in pseudonazis-
tischer Kostümierung »Deutschland den Deutschen« brüllen und gele-

gentlich Brandsätze gegen Ausländerwohnungen schleudern, sondern
auch bei jenen Leuten, die das miese Treiben klammheimlich beklat-
schen, ganz zu schweigen von jenen Politikern, die mit dem affektbe-
ladenen Wort »Asylmissbrauch« ihr eigenes Unvermögen vertuschen,
die verheerenden Folgen der dritten industriellen Revolution mit ihrer
millionenfachen Existenzvernichtung auch nur halbwegs zu bannen.

Schwer zu schaffen machte dem hessischen Generalstaatsanwalt der
latente Antisemitismus in Deutschland, der sich Ende der fünfziger Jahre
wieder einmal in einer Welle antijüdischer Ausschreitungen entlud. Als
dann auch noch eine Umfrage unter Hamburger Bürgern bekannt wurde, bei der jeder Zweite die Frage verneint hatte, ob ein Jude Minister
in Bonn oder General der Bundeswehr werden könnte, ließ Fritz Bauer
seinem Kummer freien Lauf. Die Gelegenheit bot sich ihm Anfang 1963
in einem Interview der dänischen Zeitung »B. T.«, der Boulevardausgabe
des angesehenen Kopenhagener Blattes »Berlingske Tidende«.

Die Nachrichtenagentur UPI verbreitete darüber am 27. Februar
1963 eine Meldung, die tags darauf in allen Zeitungen stand. Bauer
wurde darin mit den Worten zitiert, die deutsche Jugend könne liberale
und demokratische Standpunkte im eigenen Land immer noch nicht
finden. Auf die Frage, ob er damit andeuten wolle, dass Hitler heute
leichtes Spiel mit dem deutschen Volk hätte, antwortete er nach dieser
Darstellung: »Ich glaube nicht, dass die junge deutsche Demokratie
stark genug wäre, ihn abzuweisen.« Über die Haltung der Deutschen
gegenüber den Juden sagte er: »Der beherrschende Einfluss der Juden
im Geschäfts- und Kulturleben ist gebrochen. Aber der Hass ist noch
der gleiche.«

Ein empörter Aufschrei der etablierten Politik war die Folge. Als
erster richtete der Sprecher des SPD-Vorstandes, Franz Barsig, einen
heftigen Angriff auf den Parteifreund. Die Bundesregierung ihrerseits
bezeichnete Bauers Äußerungen als Entstellungen, die sie entschieden
zurückweise. Der FDP-Politiker Willy Weyer erklärte, mit seinen Diffa-
mierungen schade Fritz Bauer auf ungeheure Weise dem deutschen Ansehen im Ausland. Von Würdelosigkeit war die Rede und – schlimmer
noch – sogar davon, der hessische Generalstaatsanwalt sei anscheinend
Kommunist.

Nicht alle ließen sich von dem Geschrei mitreißen. Im hessischen Landtag fand ein Antrag der CDU auf Suspendierung Fritz Bauers keine Mehrheit. Eine unabhängige Zeitung schrieb, wenn das Ansehen Deutschlands überhaupt Schaden gelitten habe, so nicht durch vielleicht überspitzte Formulierungen Bauers, sondern durch die heftige Reaktion so vieler, die selbst im Glashaus säßen. Dass manche in dem Interview eine willkommene Gelegenheit erblickten, den unangepassten Juristen aus seinem Amte zu vertreiben, wurde bald deutlich. Als nämlich der Historiker Golo Mann den Faden mit der Bemerkung weiterspann, »Wo Auschwitz möglich war, ist alles wieder möglich«, brach kein Sturm der Entrüstung los. Und als der Schriftsteller Wolfgang Hildesheimer äußerte, zwei Drittel aller Deutschen seien Antisemiten, sie seien es immer gewesen und würden es immer bleiben, fiel niemand über ihn her.

Anfang der sechziger Jahre wurde Fritz Bauer als Ignorant beschimpft, weil er Zweifel an der demokratischen Stabilität der Bundesrepublik hatte – dreißig Jahre später sah der Verfassungsschutz die innere Sicherheit durch eine »neue Dimension« rechtsextremistischer Gewalt »dramatisch gefährdet«. Weil Fritz Bauer besorgt war wegen fortdauernder Sympathien für Hitler, wurde er als »Nestbeschmutzer« geächtet; doch 1993 ergaben zwei Umfragen, dass mehr als die Hälfte der Amerikaner und mehr als die Hälfte der Briten eine Wiederkehr des Nationalsozialismus in Deutschland befürchteten.

Dreißig Jahre nach Bauers Wort vom gleich gebliebenen Hass gegen die Juden wurden dem Vorsitzenden des Zentralrates der Juden in Deutschland, Ignatz Bubis, die antisemitischen Schmutzbriefe nach eigenem Bekunden nicht mehr anonym zugesandt, sondern mit vollem Absender, und Helmut Kohl benannte mit Steffen Heitmann einen Mann als Kandidaten der CDU für das Amt des Bundespräsidenten, der mit seinen Äußerungen über die NS-Vergangenheit – wie Bubis sich ausdrückte – den latenten Antisemitismus in Deutschland wieder salonfähig gemacht habe.

Kein Zweifel – Fritz Bauer hat vieles schärfer gesehen als andere. Was er heute zu Ausländerfeindlichkeit und Fremdenhass sagen würde, hat er 1961 vor der Kirchlichen Bruderschaft in Hessen und Nassau formuliert. Das Grundgesetz verlange Nächstenliebe, erklärte er damals. Es gebiete nicht mehr und nicht weniger, als alle menschenwürdig zu behandeln, ohne Rücksicht auf Glauben oder Unglauben, auf Abstammung, Herkunft und Stand.

Zu Lebzeiten ist der von den Nazis verfolgte jüdische Jurist und leidenschaftliche Demokrat mit seinen Ansichten bei vielen auf Unverständnis und Ablehnung gestoßen. Inzwischen verleiht die Humanistische Union, zu deren Mitbegründern er zählte, einen »Fritz-Bauer-Preis«, und das Studien- und Dokumentationszentrum zur Geschichte und Wirkung des Holocaust in Frankfurt am Main trägt den Namen »Fritz Bauer Institut«. Ein erster Schritt zur Rehabilitierung des unbequemen Mahners, dessen Geburtstag sich am 16. Juli 2003 zum 100. Male jährt, ist damit getan, aber es klaffen noch immer großer Lücken in der Würdigung dieses ungewöhnlichen Lebens.

In der »Chronik des 20. Jahrhunderts« wird die Frankfurter Eiskunstläuferin Marika Kilius fünfmal erwähnt, der Initiator des Frankfurter Auschwitz-Prozesses hingegen kein einziges Mal. Und natürlich wurde Dr. Fritz Bauer zeitlebens einer staatlichen Ehrung nicht für würdig befunden, ganz im Gegensatz beispielsweise zu seinem Kontrahenten Dr. Eduard Orth. Der bekam das Große Bundesverdienstkreuz mit Stern und Schulterband als Kulturminister von Rheinland-Pfalz ausgerechnet in jenem Jahr, da auf seine Weisung hin die Gymnasiasten des Landes Bauers Schrift über die Ursachen des Nationalsozialismus im Unterricht nicht zu Gesicht bekommen durften. Zur selben Zeit war an den Oberstufen der höheren Lehranstalten ein Geschichtsbuch zugelassen, in dem die Judenvernichtung unter Hitler mit ganzen sieben Zeilen abgetan wird.

# IV.
# Die Ordensaffäre Bütefisch

## Bundesverdienstkreuz für Sklavenausbeuter von Auschwitz

Von Conrad Taler

# Ein aufgedeckter Skandal

Wenige Wochen nach dem Beginn des Auschwitz-Prozesses, im März 1964, entdeckte ich in der Westdeutschen Allgemeinen Zeitung eine kurze Notiz über die Verleihung des Großen Bundesverdienstkreuzes an den stellvertretenden Aufsichtsratsvorsitzenden der Ruhrchemie AG Oberhausen, Heinrich Bütefisch. Der Name kam mir bekannt vor. Ich erinnerte mich, ihn im Zusammenhang mit einem Verfahren gegen ehemals leitende Angestellte der IG Farbenindustrie AG gelesen zu haben. Bei dieser Aktiengesellschaft handelte es sich um einen Verbund großer Teerfarben- und Anilinfabriken sowie anderer chemischer Werke. Die Abkürzung IG stand für Interessengemeinschaft.

Nach dem zweiten Weltkrieg mussten sich 23 Direktoren des Konzerns wegen Kriegsverbrechen und Verbrechen gegen die Menschlichkeit, wegen Ausplünderung der von den Deutschen besetzten Gebiete und wegen Versklavung von Konzentrationslagerhäftlingen vor einem Gericht der Alliierten in Nürnberg verantworten. Zehn von ihnen wurden freigesprochen, dreizehn zu Freiheitsstrafen verurteilt, unter ihnen Heinrich Bütefisch. Das Gericht hielt ihn für schuldig, mitverantwortlich dafür gewesen zu sein, dass die IG Farben in Auschwitz von der zur Bewachung eingesetzten SS, einer Elitetruppe Hitlers, Häftlinge für Sklavenarbeit ausgeliehen hatte. Die Ausbeutung von KZ-Insassen, heißt es in dem Urteil vom 30. Juni 1948, sei ein Verbrechen gegen die Menschlichkeit. Bütefisch erhielt sechs Jahre Gefängnis.[1]

Warum hatte dieser Mann jetzt das Bundesverdienstkreuz erhalten, ausgerechnet kurz nach dem Beginn des Frankfurter Prozesses gegen Mitschuldige an den Verbrechen von Auschwitz und ausgerechnet während der Woche der Brüderlichkeit? Hatte Bundespräsident Heinrich Lübke nicht eben selbst noch in einer Rede zur Woche der Brüderlichkeit auf die »schrecklichen und verabscheuungswürdigen« Vorkommnisse in Auschwitz hingewiesen? Wie konnte er zur selben Zeit einem Mitverantwortlichen für diese »Vorkommnisse« einen der höchsten Orden der Bundesrepublik Deutschland zuerkennen? Seit dem Nürnber-

---

1    dpa-Hintergrund, Archiv- und Informationsmaterial, 13.7.1968.

ger Urteil und dem Frankfurter Prozess des Auschwitzhäftlings Norbert Wollheim gegen die IG Farben Anfang der fünfziger Jahre war doch die Kumpanei zwischen dem IG Farben Konzern und den Machthabern des Dritten Reiches kein Geheimnis mehr. Auch über Bütefischs Vergangenheit hätte sich jeder ein Bild machen können.

Schon sehr früh, noch vor der Machtübernahme Hitlers, hatte der IG-Farben-Chemiker Dr. Bütefisch für sein Unternehmen Kontakte zu den Nazis geknüpft und Gespräche mit Hitler geführt. Später gehörte er dem exklusiven »Freundeskreis des Reichsführers SS«, Heinrich Himmler, an. Den Rang eines Obersturmführers der SS erhielt er wahrscheinlich als Dank für eine großzügige Geldspende an Himmler.[2]

Als die IG Farben sich nach der Eroberung Polens entschlossen, in der Nähe von Auschwitz ein Zweigwerk zur Herstellung von kriegswichtigem Kautschuk und synthetischem Benzin zu errichten, verhandelte Bütefisch neben Walter Dürrfeld für die Konzernleitung mit dem SS-Obergruppenführer Karl Wolff im Frühjahr 1941 in Berlin über den Einsatz von Konzentrationslagerhäftlingen. Dabei vereinbarten die Herren auch gleich, dass die SS für einen – wie es hieß – gelernten Häftling vier Reichsmark pro Tag und für einen ungelernten drei Mark bekommen sollte. Wie der Vorstandskollege von Heinrich Bütefisch, Dr. Otto Ambros, in Nürnberg zu Protokoll gab, überwies das Unternehmen in zweieinhalb Jahren insgesamt mehr als 20 Millionen Mark an die SS. Die Häftlinge selbst bekamen keinen Pfennig. Bereits während der Aufbauphase des IG-Farben-Werkes in Auschwitz rühmte Ambros die »neue Freundschaft mit der SS« als »sehr segensreich«.[3]

Heinrich Bütefisch, verantwortlich für den Leunateil, in welchem Benzin aus Kohle hergestellt werden sollte, besichtigte zweimal jährlich das Werksgelände der IG Auschwitz. Er gewann dabei – wie er später formulierte – einen »sehr guten Eindruck«. Häftlinge hätten ihm berichtet, dass sie »außerordentlich zufrieden und glücklich« seien.[4]

2   Reimund Schnabel, »Macht ohne Moral«, S. 23, 1957.

3   Ebd., S. 277 f., 1957; Gerhard Schoenberner, »Der gelbe Stern«, S. 133 f.

4   »Der Spiegel«, 8.4.1964.

Ein Überlebender aus den Reihen der Häftlinge, Kai Feinberg mit
Namen, erklärte hingegen als Zeuge vor Gericht in Nürnberg: »Die
Bedingungen waren unerträglich. Am ersten Arbeitstag mussten wir
ohne Essen bis drei Uhr morgens durcharbeiten.« Der ehemalige Häftling Dr. Gustav Herzog, lange Zeit Leiter der Schreibstube im Lager
Auschwitz-Monowitz, berichtete: »Die Kartei der Toten war ungleich
größer als die der Lebenden. Ich schätze, dass dem Lebensstand mit
cirka 10.000 Häftlingen am Schluss ein Totenstand von cirka 120.000
Häftlingen gegenüber stand.«[5]

Für diese Schreckensbilanz waren die Chefs der IG Farben mit verantwortlich. Alle schwachen Häftlinge durften von ihnen – wie es in der
Sprache der Menschenverächter damals hieß – »abgeschoben werden,
so dass die Gewähr für eine fast volle Leistung ... herausgeholt werden« konnte.[6] Welches Schicksal die nicht mehr arbeitsfähigen Häftlinge
erwartete, konnte den Verantwortlichen angesichts rauchender Kre-
matoriumsschlote nicht verborgen geblieben sein. Aber »die Herren
der Privatindustrie fanden nicht nur nichts dabei, sich gemarterte Todeskandidaten zu mieten«, bemerkt Reinhard Henkys in seinem Buch
»Die nationalsozialistischen Gewaltverbrechen«, »sondern sie über-
nahmen auch weithin die Methoden der SS.«

Einem dieser Sklavenausbeuter von Auschwitz war von Bundespräsident Dr. Heinrich Lübke also das Große Verdienstkreuz des Verdienst-
ordens der Bundesrepublik Deutschland verliehen worden, sozusagen
als Krönung einer Nachkriegskarriere, die Heinrich Bütefisch – wie
erwähnt – ungeachtet seiner NS-Vergangenheit inzwischen an die Spitze
der Ruhrchemie AG in Oberhausen geführt hatte.[7] Sein Wiederaufstieg

---

5   »Der gelbe Stern«, S. 139

6   »Der Spiegel«, 8.4.1964

7   Zwei Jahre später, am 27. Oktober 1966, lehnte es Bundespräsident Lübke
    ab, dass die von den Nazis verfolgte katholische Pazifistin und Claudel-
    Übersetzerin Prof. Dr. Klara Marie Fassbinder den ihr vom französischen
    Staatspräsidenten Charles de Gaulle zugedachten Orden »Les Palmes
    académiques« entgegennahm (die Annahme eines ausländischen Ordens
    durch einen deutschen Staatsbürger bedarf der Genehmigung des Bundes-
    präsidenten). Näheres bei Diether Posser, »Anwalt im Kalten Krieg«.

war kein Einzelfall. Auch andere Verurteilte aus dem Nürnberger Prozess kehrten in die Chefetagen der chemischen Großindustrie zurück: Dr. Otto Ambros als Aufsichtsratsmitglied der Scholven Chemie AG in Gelsenkirchen und der bundeseigenen Bergwerksgesellschaft Hibernia AG in Herne; Dr. Fritz ter Meer als Aufsichtsratsvorsitzender der Farbenfabriken Bayer AG in Leverkusen und Dr. Walther Dürrfeld als Vorsitzender des Aufsichtsrates der Scholven Chemie AG.

Sie alle konnten sich durch die Auszeichnung Bütefischs geehrt sehen. Aber die Freude währte nicht lange. Am 25. März 1964, zwei Wochen nach der Überreichung des Verdienstkreuzes an den ehemaligen Leiter des Leunateils der IG Auschwitz, meldete die Deutsche Presse-Agentur, Bundespräsident Dr. Heinrich Lübke habe die Rückgabe des Ehrenzeichens angeordnet – der erste Fall dieser Art in der Ordensgeschichte der Bundesrepublik Deutschland.

Den wahren Anlass der Entscheidung des Staatsoberhauptes erfuhr die Öffentlichkeit erst viele Jahre später. Ich enthüllte ihn am 21. November 1990 in einer Radio-Bremen-Sendung mit dem Titel »Was bislang niemand erfuhr«. Gegenüber dem Nachrichtenmagazin »Der Spiegel« hatte sich das Bundespräsidialamt nach dem Bekanntwerden der Ordensrücknahme auf einen »Unbekannten aus Süddeutschland« berufen. Er habe, so das Hamburger Blatt am 8. April 1964, durch einen Anruf die Recherchen des Amtes ausgelöst.

In der Tat hatte das Präsidialamt einen Anruf bekommen, aber er kam weder aus Süddeutschland, noch hatte ein Unbekannter angerufen. Am Telefon war damals die Redaktion des »Israelitischen Wochenblattes für die Schweiz« mit Sitz in Zürich, Florastraße 14. Ihr lag ein Artikel von mir vor, der an die unrühmliche Vergangenheit des neuen Ordensträgers erinnerte. Das Blatt ging mit dem Skandal am 25. März 1964 an die Öffentlichkeit. Wenige Tage davor hatte bereits die Frankfurter antifaschistische Wochenzeitung »Die Tat« den unglaublichen Vorgang aufgegriffen.

Die Redaktion der jüdischen Zeitung in der Schweiz vergewisserte sich vor der Veröffentlichung durch einen Anruf bei der Ordenskanzlei des deutschen Bundespräsidenten, ob tatsächlich einem Manne namens Heinrich Bütefisch das Bundesverdienstkreuz verliehen worden sei. Die

Verantwortlichen in Bonn fielen aus allen Wolken. Binnen kürzester Frist ordnete Heinrich Lübke die Rückgabe des Verdienstkreuzes an. Über die Einzelheiten unterrichtete mich die Zeitung in einem Brief vom 30. März 1964. Sie schrieb unter anderem:

»Es dürfte Sie interessieren, dass Ihre Zuschrift den ganzen Rückzug ausgelöst hat. Unsere, routinemäßig erfolgte, sichernde Rückfrage betreffend die Tatsächlichkeit der Ordensverleihung direkt bei der zuständigen Stelle, war die Initialzündung. Weder bei der Ordenskanzlei des Bundespräsidenten, noch bei der nordrhein-westfälischen Regierung war vorher etwas von einem Protest gegen diese Ordensverleihung bekannt. Innerhalb einer halben Stunde jedoch wurden sowohl der Bundespräsident wie auch der nordrhein-westfälische Ministerpräsident mobilisiert, und es kam schließlich zu den Ihnen bekannten administrativen Folgen und dem Rauschen im deutschen Blätterwald.«

Verlegen erläuterte das Präsidialamt den peinlichen Missgriff gegenüber der Öffentlichkeit mit dem Hinweis, die Unterlagen seien nicht vollständig gewesen. In Wirklichkeit waren alle Beteiligten über die eigene Unlust zur ernsthaften Auseinandersetzung mit der Vergangenheit gestolpert. Seit Konrad Adenauer 1952 die Parole »Schluss mit der Naziriecherei!«[8] ausgegeben hatte, war die Bekämpfung der Kommunisten wichtiger als alles andere. Wer – wie die alten Nazis – diesbezüglich über einschlägige Erfahrung verfügte, war als Mitstreiter willkommen.

So existierte für den Düsseldorfer Bundesverband der deutschen Industrie, der Bütefisch zur Auszeichnung vorgeschlagen hatte, dessen Vergangenheit anscheinend überhaupt nicht. Die für den Antrag zuständige nordrhein-westfälische Landesregierung unter Ministerpräsident Franz Meyers (CDU) gab sich mit der Auskunft ihres Ordensreferates zufrieden, Verfassungsschutz und Polizei hätten keine Bedenken gegen den Vorschlag des Industriellenverbandes. Bütefischs sechsjährige Freiheitsstrafe aus dem Nürnberger Prozess war nach geltendem Recht inzwischen aus dem Strafregister gestrichen worden. Sein kompromittierender Umgang mit dem obersten SS-Führer Himmler spielte augenscheinlich keine Rolle. Jedenfalls gelangte ein blitzsauberer Vorgang auf

---

8    »Der Spiegel«, Nr. 11/1965

den Tisch des Bundespräsidenten, der die Verleihungsurkunde ohne weitere Nachforschungen arglos unterschrieb.

Das Donnerwetter des Staatsoberhauptes nach dem Anruf der jüdischen Zeitung muss gewaltig gewesen sein. Lübkes Zorn bekam offensichtlich auch die Regierung des Bundeslandes Nordrhein-Westfalen zu spüren. Jedenfalls erließ Innenminister Willy Weyer (FDP) unverzüglich die Weisung, dass fortan ehemaligen Angeklagten des Nürnberger IG-Farben-Prozesses generell keine Unbedenklichkeitsbescheinigung mehr ausgestellt werden dürfe. Die Durchsicht alter Unterlagen hatte nämlich ergeben, dass dem Bundespräsidenten vier Jahre davor bereits ein ähnlicher Fall untergejubelt worden war. Damals hatte ein ehemals leitender Angestellter der IG Farben sogar das Große Bundesverdienstkreuz mit Stern erhalten.

Geehrt worden war Dr. Friedrich Jähne, der in Nürnberg wegen des »Verbrechens der Plünderung fremden Eigentums in den besetzten Gebieten« eineinhalb Jahre Gefängnis bekommen hatte.[9] Für ihn blieb die Diskussion über den Fall Bütefisch ohne Folgen, aber die öffentliche Empörung über das Fehlverhalten staatlicher Stellen verfehlte ihre Wirkung nicht ganz. Der CDU-Bundestagsabgeordnete Dr. Hermann Conring gab sein Verdienstkreuz freiwillig zurück, nachdem in Holland Proteste gegen seine Ehrung laut geworden waren. Ihm wurde vorgeworfen, während des Krieges im Bezirk Groningen als Stellvertreter des Nazi-Reichskommissars für die Niederlande, Seyß-Inquart, den beschleunigten Abtransport holländischer Juden in Vernichtungslager angeordnet zu haben. Seiner politischen Karriere tat dies keinen Abbruch.[10]

Dr. Heinrich Lübke, Bundespräsident von 1959 bis 1969, der in der Ordensaffäre Bütefisch prompt reagiert hatte, sah sich keine zwei Jahre, nachdem er einem ehemaligen Ausbeuter von KZ-Häftlingen das Bundesverdienstkreuz wieder aberkannt hatte, mit Bauzeichnungen für KZ-Lager konfrontiert, die seine Unterschrift trugen.[11] Als stellvertre-

---

9   Associated Press (AP), 17.12.1964

10  »Frankfurter Allgemeine Zeitung«, 17.8.1965

11  Deutsche Presse-Agentur, 10.2.1966

tender Leiter der »Baugruppe Schempp«, so hieß es aus der DDR, sei Lübke an der Planung und am Bau der Konzentrationslager Neustaßfurt, Peenemünde und Leau sowie des Zwangsarbeitslagers Wolmirsleben beteiligt gewesen. Auch die schlechte Behandlung und den Hungertod von KZ-Häftlingen in den unterirdischen Produktionsstätten von Leau bei Bernburg habe er mit zu verantworten.[12] Die SPD-Bundestagsfraktion sah – falls die Vorwürfe sich als zutreffend erweisen sollten – eine »unselige Verstrickung in das System des Unrechtsstaates, der so viele deutsche Staatsbürger unterlegen« seien.[13]

Soweit mir bekannt ist, hat Lübke von sich aus niemanden wegen dieser Anschuldigungen gerichtlich belangt. Ein von Amts wegen eingeleitetes Verfahren wegen Beleidigung des Bundespräsidenten im Zusammenhang mit den Vorgängen in Leau wurde eingestellt.[14]

*(Erstveröffentlichung am 21.11.1990)*

---

12    Frankfurter Rundschau, 25.1.1966, Die Tat, 5.3.1966

13    Stimme der Gemeinde, 15.10.1966, Frankfurter Rundschau, 3.12.1966

14    Die Tat, 5.3.1966

# V.
# Nach den Wurzeln des Bösen fragen

**Ein Vortrag von Fritz Bauer
vom 5. Februar 1964**

*Die nachfolgenden Auszüge aus dem Wortlaut eines Vortrages, den der hessische Generalstaatsanwalt Dr. Fritz Bauer am 5. Februar 1964 in der Frankfurter Universität gehalten hat, wurden am 7. März 1964 von der in Frankfurt erscheinenden antifaschistischen Wochenzeitung DIE TAT veröffentlicht. (Nr. 10, Seite 12). Sie sind sonst nirgendwo dokumentiert. Die Redaktion schrieb dazu einleitend:*

*»Der hessische Generalstaatsanwalt Dr. Fritz Bauer hielt am 5. Februar vor 800 Studenten in Frankfurt einen Vortrag zu dem Thema ›Kriegsverbrecherprozesse und politisches Bewusstsein – Dienen KZ-Prozesse der politischen Aufklärung?‹ (Wir haben darüber kurz in Nr. 7 berichtet.) Angesichts der Bedeutung dieses Vortrages baten wir Dr. Bauer um die Überlassung des Wortlautes, aus dem wir mit freundlicher Genehmigung des Generalstaatsanwalts auf dieser Seite Auszüge veröffentlichen. Die Zwischentitel wurden von uns eingefügt.«*

## Aus dem Wortlaut eines Vortrages von Generalstaatsanwalt Dr. Fritz Bauer

Die Frage »Dienen KZ-Prozesse der politischen Aufklärung?« unterstellt den wegen NS-Verbrechen eingeleiteten Strafverfahren einen instrumentalen Charakter; sie werden als Mittel zu einem Zweck, etwas dem Zweck der politischen Bewusstseinsbildung verstanden. Dies geschieht keineswegs nur hier; mündlich und schriftlich wird den Staatsanwälten der Bundesrepublik oft die Frage vorgelegt: Was bezweckt ihr denn eigentlich mit diesen Verfahren? Mit dem Auschwitz-Verfahren? Was mit den Verfahren wegen so genannter Euthanasie?

Die Antwort könnte einfach lauten: die Staatsanwaltschaft ist nach unserer Strafprozessordnung verpflichtet, ein Verfahren einzuleiten, wenn eine strafbare Handlung begangen wurde.

Ich habe nicht die Absicht, mit einem solchen Rückzug auf das geltende Recht und seinem Verzicht auf Nützlichkeitserwägungen irgendwelcher Art das Rednerpult zu verlassen; ich stelle mich auf den Boden der Fragestellung, die übrigens die Staatsanwälte des Landes

Hessen von Anfang an begleitet hat und täglich bis in den Traum hinein begleitet.

Nach der Auffassung der hessischen Staatsanwälte können und sollen die Prozesse auch der politischen Aufklärung dienen. Daran ist kein Zweifel. Wenn Sie, meine Damen und Herren, mich nun fragen, ob sie diese Zweckbestimmung auch erfüllen werden, stocke ich schon.

Was hat der Auschwitz-Prozess, an den Sie vornehmlich gedacht haben werden, bisher gebracht? Die Angeklagten – mit Ausnahmen, die auch reserviert und beschränkt genug waren – bestreiten ihre Taten. Sie haben nichts gesehen und nur vom Hörensagen Dunkles gewusst, sie haben nichts getan, obwohl sie durch das Tor gingen, das die Aufschrift trug: »Arbeit macht frei«, und in Kürze erkannt haben, dass niemand frei wurde, es sei denn durch den Tod.

Die Angeklagten haben in den Spiegel des deutschen Volkes geschaut und gelernt, dass »man« nichts wusste, dass niemand etwas ahnte und, wenn das Unglaubliche überhaupt glaubwürdig sei, man erst lange nach dem nazistischen Zusammenbruch erfahren habe. Nicht zuletzt die Auslandspresse wird im Römersaal mit der Tatsache konfrontiert, dass selbst die Männer mit millionenfachem Blut an ihren Händen nichts zu wissen vorgeben; niemand kann sich wundern, wenn sie die Kollektivunwissenheit des deutschen Volkes in Zweifel zu ziehen beginnt und eine unbußfertige Verschwörung des allgemeinen Nichtwissens wittert.

**Der tiefere Sinn der Prozesse**

Hunderte von Zeugen werden kommen, sie werden die Hand zum Schwur heben, und wir werden die tätowierte Hand sehen, die die Nummer trägt, jene Marke, die sonst nur Tiere im Schlachthaus erhalten und die die nazistische Verachtung alles Menschenwerten sinnfällig macht. Sie werden die Hölle von Auschwitz beschwören, jenes unsägliche Leid der Überlebenden, die ihre Familien verloren haben und die selber die Todesqual bis zum Wahnsinn erlitten. Ob sie zu einer weiteren Aufklärung, nach der Sie, meine Damen und Herren, mich hier fragen, beitragen werden, weiß ich nicht. Wer seither hören wollte, konnte hören, wer sehen wollte, konnte sehen. Eine Flut wissenschaft-

licher Werke, Zeitschriften- und Zeitungsaufsätze ist dem breiteren
Publikum zugänglich gewesen; teure Bücher, geschenkt-billige Bücher,
Bildbände, Filme, Ausstellungen, Werke, die Zeitgeschichte referie-
ren, die mit dem Blut und den Tränen der Schreibenden getränkt sind,
Werke, die zum Nachdenken Anlass geben, die uns die Schamröte ins
Gesicht treiben, die uns tief traurig stimmen und verzagt machen und
zweifeln und verzweifeln lassen. Die Zeugen können nur das bestätigen,
und unsere Sachverständigen des Instituts für Zeitgeschichte werden es
zusammenfassen und katalogisieren. Um dieses Stoffes willen brauchte
es keine neuen Prozesse.

## Trügerischer Schein

Es gibt aber noch etwas anderes als die bloßen Fakten. Die Prozesse
sind aus einem anderen, tieferen Grunde notwendig. Sie müssen die
Frage nach dem Warum aufwerfen, denn ohne Antwort auf das Warum, ohne Frage nach den Wurzeln des Bösen, nach den Wurzeln des
Kranken gibt es kein Heil und keine Heilung. Immer wieder wird uns
gesagt, und neulich hat Professor Bockelmann in einem Artikel der
FAZ mir vorhalten zu müssen geglaubt, dass die Angeklagten in den
Antinazi-Prozessen sozial angepasste Menschen, gute Familienväter,
brave Ehemänner seien, die im Berufsleben stünden, ohne zu morden und zu misshandeln. Hier sei – so schließt man – nichts mehr zu
erziehen, nicht weil an den Angeklagten Hopfen und Malz verloren
sei, sondern weil sie über genügend soziale Tugenden verfügten, so
dass uns zu bessern nichts übrig bleibe. Nichts ist falscher. Auch die
Mörder, Räuber, die gewöhnlich auf unseren Anklagebänken sitzen,
sind in der Regel gute Familienväter und Ehemänner, oft haben sie
geradezu aus Familiensinn gehandelt. Die Höchsten der Nazis haben Tiere geliebt und gehegt; an Tierschutzgesetzen war gewiss kein
Mangel. Viele, auch gerade die Leiter der KZ- und Vernichtungslager,
waren um ihre Familie besorgt, sie sind auch, wie schrecklich es klingt,
ihrem Beruf mit Pflichteifer nachgegangen, sie waren nicht faul, sie
waren nicht lässig. Verbrecher sehen in aller Regel nicht anderes aus
als Menschen sonst. Kain und Abel waren Brüder, und um Kain zu
erkennen, bedurfte es – wohlgemerkt nach dem Brudermord – des

Kainszeichens. Der Schein der Bürgerlichkeit, der von den Angeklagten ausgeht, kann trügen.

Auch der Schein der Bürgerlichkeit, der von Teilen der deutschen Öffentlichkeit ausstrahlt, die wie die Angeklagten im Gerichtssaal möglicherweise nichts gelernt und möglicherweise wie sie alles verdrängt und vergessen haben, kann trügen und gefährlich sein. Die Prozesse sind eine Schule für die Angeklagten und ihre und unsere Mitwelt, sicher in Deutschland, wahrscheinlich auch außerhalb seiner Grenzen. Sie sind eine Unterrichtsstunde, nicht um Fakten zu lernen, sondern aus ihnen zu lernen und die Zeichen zu verstehen.

Selbst auf die Gefahr, einen Sturm der Entrüstung zu wecken, sei es ausgesprochen – die Vergangenheit, Gegenwart und Zukunft ist noch lange nicht »bewältigt«. Hier wird keiner von uns ausgenommen, und alles Pharisäertum ist unangebracht. Die Prozesse stellen eine bittere Medizin dar; wir alle müssen sie schlucken.

Ich weiß, dass alle Angeklagten – die Angeklagten auf allen Anklagebänken der Welt – nur Stellvertreter für viele andere sind. Hier liegt eine große Ungerechtigkeit. Die so genannte Dunkelziffer – die Zahl der nicht angezeigten, nicht angeklagten und nicht abgeurteilten Täter – ist ungeheuer groß. Wir verurteilen im Jahr in Deutschland etwa 5.000 bis 6.000 Abtreibungsfälle, wir glauben aber zu wissen, dass ihre wirkliche Zahl sich zwischen 500.000 und zwei Millionen bewegt. Auch die wegen NS-Verbrechen Angeklagten erschöpfen nicht die Zahl der wirklichen Täter, die Zahl derer, die mehr oder minder mitschuldig waren. Was für die Zahl der Abtreibungen, der Betrügereien, Diebstähle usw. gilt, gilt genauso hier.

## Lehren ziehen

Es ist nicht angebracht, alle, die an den Ereignissen 1933-1945 beteiligt waren, über einen Kamm zu scheren. Wir können und müssen einige Typen trennen. Jeder Typus mag seine Lehren ziehen. Dabei muss von vornherein um der historischen Wahrheit willen gesagt sein, dass Hitler nicht wie der Blitz aus heiterem Himmel kam, dass er nicht etwa ein Millionenvolk überrannte und versklavte, wie er später fremde Nationen überfiel. Lassen Sie mich der Einfachheit halber drei Typen unterscheiden: 1. die Gläubigen, 2. die Gehorsamen, 3. die Nutznießer.

Der erste Typus besteht aus den Fanatikern, den Gläubigen. Es sind diejenigen, die sich der angeblich allein selig machenden Lehre des Nazismus verschrieben haben, sei es, dass sie diese Lehre erfunden, von anderen übernommen oder durch Außenlenkung, Propaganda und dergleichen sich zu eigen gemacht haben. Das war nicht nur der innere Kreis der Hitlers, Görings und Goebbels', es waren Millionen die von dieser Lehre überzeugt waren. Sie ließen sich gerne genug überzeugen weil die so genannte Weltanschauung des Nazismus ihnen schmeichelte und ihnen eine ehrenvolle Rolle im Welttheater zuspielte, weil sie eigenes Versagen auf die Machenschaften diabolischer Mächte, vor allem der Juden abwälzte und alle Schicksalsschläge auf das Wirken finsterer Mächte, der angeblichen Weisen von Zion, zurückführte.

Es gibt nur eine Medizin, es ist der Gedanke der Toleranz und der Anerkennung der Vielfalt der Menschen, ihrer Meinungen und ihrer Wünsche, nach eigener Façon selig zu werden.

Es gibt einen zweiten Typus von Tätern, es sind die Blindgehorsamen, die immer und ewig Gehorchenden. Sie berufen sich auf den Satz »Gesetz ist Gesetz, Befehl ist Befehl.« In der Sprache der Landser und der KZ-Wachmannschaften lautet der Satz »Dienst ist Dienst, und Schnaps ist Schnaps«.

Der blinde Gehorsam ist – nehmt alles nur in allem – vorzugsweise ein deutsches Erziehungsprodukt. Manche hielten und halten den blinden Gehorsam vielleicht heute noch für eine deutsche Tugend.

Soziale Gruppen sind groß und stark geworden durch Gehorsam, die Welt selbst wurde aber groß durch den Ungehorsam der Einzelgänger und der Völker, die aufbegehren und für ihr Recht, für ihre Menschenrechte stritten.

Die deutsche Geschichte ist durch die Tabuisierung des Ungehorsams gekennzeichnet. Die Idee der Souveränität des Menschen und der Völker wurde durch den autoritären Staatsgedanken ersetzt. Der Staat wurde vergötzt und die Obrigkeit zum obersten Guten erklärt. Kant ist mit dem schlechtesten Beispiel vorausgegangen. »Wenn ein Volk«, so lesen wir, »unter einer gewissen Gesetzgebung seine Glückseligkeit mit größter Wahrscheinlichkeit einbüßen sollte, was ist für dasselbe zu tun? Soll es sich nicht widersetzen? Die Antwort kann nur sein: es ist für dasselbe nichts zu tun als zu gehorchen.« Und als der alte Kant sich noch mit der Frage befasste, ob die Richter das Recht hätten, einem unmenschlichen Gesetz den Gehorsam zu verweigern, wusste er nur den knechtischen Rat: »Es wäre lächerlich, sich dem Gehorsam gegen das Gesetz darum entziehen zu wollen, weil dieses angeblich nicht mit der Vernunft übereinstimmt. Darin besteht eben das Ansehen der Regierung, dass sie dem Untertanen nicht die Freiheit lässt, nach eigenem Begriff, sondern nach Vorschrift über Recht und Unrecht zu urteilen.«

Gewiss, es gab wenige, verschwindend wenige Ausnahmen. Anselm von Feuerbach, der große Strafjurist, schrieb als junger Mensch ein Buch gegen die Auffassungen Kants, und als Präsident des Appellationsgerichtes zu Ansbach erklärte er trotzig: »Der Ungehorsam ist dem Richter eine heilige Pflicht, wo der Gehorsam Treubruch sein würde gegen die Gerechtigkeit, in deren Dienst er allein gestellt ist.« Geherrscht hat aber bis 1945 der Geist Kants und Hegels, und der bemüht sich heute schon wieder aufzuerstehen.

Hegel hat erfolgreich gelehrt, der Staat brauche weder innen- noch außenpolitisch moralisch zu handeln. Die Vorstellung, der Staat könne Unrecht tun und eine Politik des Staates könne Unrecht sein verkenne die Natur des Staates und beruhe – wörtlich – »Auf der Seichtigkeit der Vorstellungen von Moralität.« Die deutsche Außen- und Innenpolitik hat sich das nicht zweimal sagen lassen, sie führte zu Auschwitz, Treblinka; Buchenwald und Dachau, von dem vom Zaune gebrochenen Angriffskrieg Hitlers ganz zu schweigen.

Wir brauchen eine Ethik, die nicht bloß formal die jeweilige Pflichterfüllung auf den Thron setzt. Eine Einheitsethik, die nur Freund und Feind im Stile Carl Schmitts kennt, muss ausgeschlossen sein. Was uns gemeinsam verbindet, kann nur Toleranz sein, die Anerkennung von allen, die Menschenantlitz tragen.

### Nichtige Befehle

An diesem Ethos des Pluralismus sind Gesetz und Befehl zu messen, zu wägen, und wenn es sein muss, zu leicht zu befinden. Gesetz und

Befehl können dann null und nichtig sein, Gehorsam ist dann Un-
moral, und Ungehorsam ist die einzige Moral, die es gibt. Ich bin mir
bewusst, wie revolutionär eine solche These manchen unter uns noch
heute erscheint.

Ich komme zum dritten Typus. Es gibt nicht nur Nazis, die die Verbrechen begingen, sie begünstigten oder duldeten, weil sie überzeugte
Anhänger des Nazismus waren und in dem biologischen Darwinismus
der Weisheit letzten und einzigen Schluss sahen oder weil sie glaubten,
blinder Gehorsam sei der Inhalt moralischen Handelns; die überwie-
gende Mehrzahl, die vielen Millionen, folgten Hitler, billigten ihn oder
schwiegen, weil sie Opportunisten und Nutznießer waren.

Brutale Menschenverachtung, Lebensneid und Sadismus können
scheinheilig verklärt werden. Die Leute glaubten nicht an die angebliche Moral des Darwinismus oder die angebliche Ethik des blinden Ge-
horsams, sie heulten mit den Wölfen und schwammen mit dem Strom,
weil es bequem war und ihnen psychische, wirtschaftliche und soziale
Vorteile für sie und ihre Familie, ihre amtliche Stellung und ihren Betrieb
versprach. Karriere und Kapital, Posten und Profit, Instinktentladungen
und Perversionen lockten. Die Kriminellen auf der Anklagebank und
andere waren mitunter mit der Zurückstellung von dem gefährlichen
Dienst an der Front, ja, mit Urlaub, Zigaretten und Schnaps zufrieden,
die ihnen in Aussicht gestellt wurden. Sie sagten Ja und – wenn auch
nicht Amen – so doch Heil Hitler, um Stirnrunzeln der Vorgesetzten und
andere bescheidene Unannehmlichkeiten, etwa kritische Vermerke in
ihren Personalakten z. B. »Humanitätsduselei«, »ungeeignet für die SS«
zu vermeiden. In Uniformen mit Totenköpfen, die Furcht und Schrecken
verbreiteten, großspurig und mit gespreizten Schenkeln kaschierten sie
ihren Minderwert und ihre Minderwertigkeitsgefühle, sie buckelten nach
oben und traten nach unten. Sie konnten ihr bürgerliches Fiasko durch
Aggressivität nach außen abreagieren; die Knechtsseele konnte als ein-
gebildeter Herrenmensch leben. Die Spießer und Kleinbürger, die es in
allen Schichten oben und unten gibt, fanden scheinbar legitime Kanäle
für ihre Lebens-, Macht- und Vermögensansprüche.

Ihr Ethos heißt Mimikry, äußere Anpassung, Konformismus, Egois-
mus und Feigheit. Aus ihren Mündern hingen die unehrlichen Spruch-

bänder »Ruhe ist des Bürgers erste Pflicht«, »Ordnung ist wichtiger als
Freiheit«, vielleicht auch »Deutschland erwache, Juda verrecke!«. Weil
das primitiv Menschliche, sehr Menschliche, hier Wirklichkeit und Ereignis ward und diese Verhaltensweise sehr allgemein, sehr verbreitet, sehr
beliebt und sehr populär ist, wird die Lehre unserer Prozesse besonders
deutlich und schmerzhaft. Es geht aber um einen kardinalen Punkt.

**Pflicht zum Nein**
Wenn die Prozesse einen Sinn haben, so ist es die unumgängliche Erkenntnis, dass bequeme Anpassung an einen Unrechtsstaat unverant-
wortlich ist. Wenn der Staat kriminell ist, weil er die Menschen- und
Freiheitsrechte, die Gewissensfreiheit, das Recht auf eigenen Glauben,
auf eigene Nation und Rasse, das Recht auf eigenes Leben systematisch verletzt, ist ein Mitmachen Unrecht. Es ist, wie unsere Prozesse
demonstrieren sollen, möglicherweise Mord, gemeiner Mord. Dabei
macht es keinen Unterschied, ob ich selber Hand anlege oder nicht. Es
kommt nicht darauf an, ob an meinen eigenen Händen Blut klebt, oder
ob sie nur mit Tinte besudelt sind, ob ich aktiver Täter, Nutznießer
oder nur beifällig nickender Zuschauer bin.

Worüber die NS-Prozesse aufklären, das ist das Recht, ja die Pflicht
zum Nein gegenüber unmenschlichen Anordnungen. Das wird von
den Angeklagten, von uns allen gefordert, weil es die Grundlage eines
menschenwürdigen Zusammenlebens aller ist. Das ist die Moral der
Geschichte, das ist der Beitrag der Prozesse zum politischen Bewusstsein.

Es ist leicht und bequem, mit den Wölfen zu heulen und dabei sein
Schäfchen ins Trockne zu bringen. Es ist schwer, sich dem Bösen zu
widersetzen wenn die Wölfe im Namen des Staates handeln und das
Mitheulen gebieten. Aber auf dieses Nein kommt es an.

**Alles ist noch Gegenwart**
Ich habe nicht zu den Rechtsfragen der Prozesse gesprochen, denn sie
gehören nicht zu meinem Thema. Ihre Lösung mag den Plädoyers der
Staatsanwälte und dem Urteil des Gerichts überlassen bleiben. Gefragt
ist nach dem politischen Bewusstsein und der politischen Aufklärung,

die zugleich moralisches Bewusstsein und moralische Aufklärung meinen.

Aufklärung ist eine Sache des Verstandes. Sie sagt uns mit Logik, mit Deduktionen und Induktionen, was ist und was sein soll, vielleicht was der Weisheit letzter Schluss ist. Ich hoffe, nicht ohne Logik gesagt zu haben, was geschehen muss, um Grausamkeiten zu vermeiden, wie sie der Gegenstand der Prozesse sind und – nicht zuletzt in einem atomaren Zeitalter – wieder geschehen können. Nichts gehört der Vergangenheit an, alles ist noch Gegenwart und kann wieder Zukunft werden. Nichts ist – wie man zu sagen pflegt – »bewältigt«; wir stehen erst am Anfang, mag auch die breiteste Öffentlichkeit sich gerne in dem Glauben wiegen, sie habe schon so viel getan, dass ihr zu tun fast nichts mehr übrig bleibe.

Ich glaube nicht, dass Aufklärung allein genügt; die Aufstellung eherner Tafeln: »Du sollst«, »Du sollst nicht« reicht nicht aus. Gebote und Verbote, die gehalten werden sollen, verlangen einen Urgrund des Fühlens, den zu schaffen allen staatlichen Gewalten, allen sozialen Gruppen, allen Fakultäten aufgegeben ist. Dieser Urgrund des Fühlens wird hoffentlich aufgewühlt, wenn etwa im Auschwitz-Prozess die Überlebenden kommen und Zeugnis ablegen.

Es ist eine Klima der Toleranz und Anerkennung erforderlich, aus der die Solidarität mit allem Menschlichen erwächst. Zu prüfen, wie es zu schaffen ist, ist des Schweißes aller Edlen wert.

# VI.
# 50 Jahre nach dem Auschwitz-Prozess

Von Conrad Taler

> Die Deutschen lieben die Wahrheit nicht,
> wollen sie nicht wissen, kennen nicht
> ihren Reiz und ihre reinigende Kraft.
> *Thomas Mann an Hermann Hesse (12.10.1946)*

Wer sich ein Bild vom Ausmaß des Verbrechens machen will, das in Auschwitz begangen worden ist, der möge sich daran erinnern, dass bei der Tsunami-Katastrophe in Ostasien mehr als 200.000 Menschen dem blinden Wüten der Naturgewalt zum Opfer gefallen sind. Das Entsetzen darüber war groß. In Auschwitz wurden fünfmal soviel Menschen ermordet.

Wie es dazu kommen konnte, wie alles begonnen hat damals in Deutschland, wissen heute die Wenigsten. Manches sah zunächst harmlos aus. Auch damals bekämpften Rechtsextremisten und Nationalkonservative den demokratischen Rechtsstaat zunächst nur mit Worten. Wer sich mit den Anfängen der Naziherrschaft vertraut macht, wird die Warnzeichen für neues Unheil rechtzeitig erkennen. Wer weiß, was in Auschwitz geschah, ist für immer gefeit gegen alles, was auch nur im Entferntesten mit Nazi-Ungeist zu tun hat.

Manche sagen, Verbrechen habe es auch anderswo gegeben. Das stimmt, aber niemals und nirgendwo sonst wurden völlig schuldlose Menschen so systematisch und mit industrieller Perfektion getötet wie in Auschwitz und einer Reihe anderer Vernichtungsstätten, nirgendwo sonst wurden den Ermordeten die Goldzähne ausgerissen und zur Devisenbeschaffung eingeschmolzen, nirgendwo sonst wurden die Haare der Opfer als Material zur Filzherstellung verwendet. Lange Zeit wurde Auschwitz in den endlosen Weiten des Ostens vermutet, und nicht Wenige entschuldigten ihr Unwissen mitunter gerade damit. Tatsächlich lag Auschwitz nur 40 Kilometer hinter der alten deutschen Grenze. Einer der akademisch gebildeten Mörder fühlte sich dort – wie er nach Hause schrieb – am anus mundi, am Arsch der Welt.

Die planmäßige Ermordung von Millionen Menschen war nicht – wie manche meinen – eine automatische Folge es Krieges, sondern das Ergebnis des Rassenwahns. Angst vor zu vielen Juden in Deutschland brauchte niemand zu haben. Ihr Anteil an der deutschen Bevölkerung betrug nur ein Prozent. Dennoch behaupteten die Nazis, an allem Unheil seien die Juden schuld. Ihr Blut sei verdorben und dürfe sich niemals mit dem Blut von Nichtjuden vermischen. Intime Beziehungen eines Juden zu einer nichtjüdischen Frau wurden mit dem Tode bestraft. Bevor die Nazis daran gingen, die Juden aus der menschlichen Gemeinschaft auszuschließen, unterdrückten sie brutal ihre politischen Gegner. Als erste kamen Kommunisten und Sozialdemokraten an die Reihe. Dann wurden Gewerkschafter, liberale Politiker und Intellektuelle in Konzentrationslager und Gefängnisse gesperrt. Konservative Politiker, die nicht mit den Wölfen heulten, blieben gleichfalls nicht verschont. Aufrechte Priester mussten sterben, weil sie Gott mehr gehorchten als den Machthabern des so genannten Dritten Reiches. Neben Juden, Sinti und Roma und anderen starben auch viele politische Gegner Hitlers in Auschwitz.

Es hat lange gedauert, bis einige Beteiligte an den Verbrechen 1963 in Frankfurt am Main vor Gericht gestellt wurden. Auf der Anklagebank saßen Männer mit Durchschnittsgesichtern, keine Monster mit blutunterlaufenen Augen. Kaufleute waren darunter, Handwerker, Apotheker und Zahnärzte, Menschen wie du und ich. Aber sie verkörperten ein Grauen, das mich bis in den Schlaf hinein verfolgte. Seit der Verkündung des Urteils sind fünfzig Jahre vergangen. Wie verhielt es sich in dieser Zeit mit dem Interesse an Auschwitz?

Seit 1996 wird der Jahrestag der Befreiung von Auschwitz durch die sowjetische Armee offiziell als Gedenktag für die Opfer des Nationalsozialismus begangen. Es genügt aber nicht, einmal im Jahr die Vergangenheit als Mahnung für die Zukunft zu beschwören. Einer der Wenigen, die frühzeitig vor einem Rückfall in frühere Denkweisen gewarnt haben, war der Initiator des Auschwitz-Prozesses, der hessische Generalstaatsanwalt Dr. Fritz Bauer. Er hat eindringlich geschildert, wie es dazu kommen konnte, dass die erste deutsche Republik in den gewalttätigen Rechtsextremismus der Nazis abgerutscht ist.

»Statt einer ›Bewältigung der Vergangenheit‹, die auch damals notwendig war und die einen harten Willen zur Wahrheit erforderte, zog man den Betrug und Selbstbetrug eines angeblichen Dolchstoßes vor und suchte krampfhaft nach Sündenböcken. Man fand sie bald in ›Mar-

xisten‹, bald in Juden. Jeder Sündenbock-Mechanismus erwächst aus
Charakterschwäche; er ist ein infantiler Zug und alles andere als eine
männliche Reaktion. Je schwächer die Leute sind und je mehr sie von
Minderwertigkeits-Komplexen geplagt werden, desto mehr rufen sie
nach Härte und desto gewalttätiger und brutaler treten sie auf, um ihr
eigenes Ungenügen und das Fiasko ihres Daseins zu verbergen. Die
Kraftmeierei des Nazismus, sein Geschrei, seine Demonstrationen, seine
Verbrechen, waren die Maske von neidischen Schwächlingen.«
      Dieser Sündenbock-Mechanismus hat die Nazizeit überlebt. Als
Ende der siebziger Jahre Hakenkreuz-Schmierereien wieder einmal
für peinliches Aufsehen sorgten, machte der CSU-Vorsitzende Strauß
kommunistische Geheimdienste für die Schändung jüdischer Friedhöfe
verantwortlich. Das rechtslastige »Deutschland-Magazin« behauptete,
der »angebliche Neonazismus sei in Wahrheit eine Waffe Moskaus«. Das
war ein bequemer Weg, die Krankheit am eigenen Leibe zu leugnen und
sich der Auseinandersetzung mit den wahren Ursachen zu entziehen.
      Inzwischen gibt es keine DDR und keine Sowjetunion mehr, aber
noch immer werden Hakenkreuze auf Grabsteine geschmiert und jüdische Einrichtungen angegriffen. Als die rechtsextreme NPD vor Jahren
zu einer Demonstration gegen den Bau einer Synagoge in Bochum
aufrief und die örtliche Polizeibehörde den provozierenden Aufmarsch
verbot, machte das Bundesverfassungsgericht den Unbelehrbaren den
Weg frei. Das Recht der Neonazis zu demonstrieren wurde höher bewertet als das Recht der Überlebenden des Holocaust, vor der Verhöhnung der Opfer des Naziterrors geschützt zu werden. (Beschluss des
Ersten Senats vom 23. Juni 2004, Aktenzeichen 1 BvQ 19/04). Nicht
von ungefähr verlangte zu Beginn des neuen Jahrtausends der damalige
Präsident des Zentralrates der Juden in Deutschland, Paul Spiegel, beim
Kampf gegen die Neonazis nicht bestimmte Entwicklungen in der Mitte
der Gesellschaft aus dem Blickfeld zu verlieren; dort gebe es immer
noch hartnäckige Vorurteile gegenüber Menschen anderer Hautfarbe,
anderer Herkunft und anderer Religion.
      Diese Vorurteile sind das Ergebnis der Jahrzehnte langen Verharm-
losung rechtextremer Bestrebungen. Allzu gern wird vergessen, dass
während des Kalten Krieges nicht die Bekämpfung des Neonazismus

im Vordergrund stand, sondern die Bekämpfung der Kommunisten und all derer, die dafür gehalten wurden. Nur so konnte es dazu kommen, dass zwei Monate nach dem Beginn des Auschwitz-Prozesses der damalige Bundespräsident Heinrich Lübke einem der Mitschuldigen an der Ausbeutung von Auschwitzhäftlingen, Heinrich Bütefisch, das Bundesverdienstkreuz verlieh.

Das ist es wohl, was Fritz Bauer meinte, als er nach dem Auschwitzprozess resigniert feststellte, in dem Verfahren sei »das Herz des Ganzen« nicht zur Sprache gekommen. Viele sahen in der Auseinandersetzung mit der Vergangenheit eine Art Nestbeschmutzung, viele waren verstrickt in das Gewaltregime der Nazis und an einer Bloßlegung seiner Wurzeln nicht interessiert. Warum musste Bundeskanzler Konrad Adenauer ausgerechnet einen von ihm selbst später als »tiefbraun« bezeichneten NS-Experten für die Neuordnung des europäischen Ostens namens Theodor Oberländer in sein Kabinett holen?

Weshalb musste er ausgerechnet den Mitverfasser eines juristischen Kommentars zu den Rassegesetzen der Nazis, Dr. Hans Globke, als engsten Berater und schließlich sogar als Staatssekretär im Kanzleramt beschäftigen, ihn, der diesen Kommentar später selbst als »entsetzlich und abstoßend« bezeichnet hat.[1] Musste da nicht der Eindruck aufkommen, dass es mit der Judenverfolgung wohl nicht so schlimm gewesen sein konnte, wenn einem solchen Mann dieses wichtige Amt anvertraut wurde? Heute würde man sagen: Eine schlimmere Verharmlosung des Ungeistes der Nazizeit konnte es gar nicht geben.

Zyniker sagen, Hans Globkes Tätigkeit als Staatssekretär im Bundeskanzleramt habe der Demokratie nicht geschadet. Alle hätten sich doch vom Ungeist des Nazismus distanziert. Ja, an solchen Bekundungen hat es nicht gemangelt. Immer wurde versichert, die Bekämpfung des Neonazismus und Rechtsextremismus gehöre, so wie die Bekämpfung des »Linksextremismus«, zu den entscheidenden Lehren der Vergangenheit. In Wirklichkeit beschäftigten sich Politik, Polizei und Justiz, wie während der Weimarer Zeit, hauptsächlich mit den Linken. Resigniert

---

1    Hermann Greive, Geschichte des modernen Antisemitismus in Deutschland, 1983, S. 173.

sprach Fritz Bauer nach dem Auschwitz-Prozess von einer »unbußfer-
tigen Verschwörung des allgemeinen Nichtwissens«.

1983 appellierte der damalige Fraktionsvorsitzende der CDU/CSU
im Bundestag, Alfred Dregger, an die Deutschen, aus dem Schatten
Hitlers herauszutreten und normal zu werden. 1986 fragte der Historiker
Ernst Nolte, ob der »Archipel Gulag«, also das Verbannungs- und Lager-
system unter Stalin, nicht »ursprünglicher als Auschwitz« gewesen sei.
1998 wandte sich der Schriftsteller Martin Walser unter dem Beifall der
versammelten deutschen Crème de la Crème dagegen, Auschwitz als
»Moralkeule« zu benutzen. 1999 rechtfertigte der grüne Außenminister
Joseph Fischer die deutsche Teilnahme am völkerrechtswidrigen Luft-
krieg gegen Jugoslawien mit dem Satz, er habe nicht nur »Nie wieder
Krieg«, sondern auch »Nie wieder Auschwitz« gelernt, so als hätten auf
dem Balkan Gaskammern und Verbrennungsöfen verhindert werden
müssen. 2006, also vor seiner Zeit als Bundespräsident, bezeichnete
Joachim Gauck den Massenmord an den Juden als rational einzuord-
nendes Phänomen der modernen Zivilisation. Neun Jahre später sagte
derselbe Joachim Gauck, es gebe keine deutsche Identität ohne Auschwitz, und am 70. Jahrestag der Befreiung Deutschlands vom Faschismus
verkündete der Historiker Heinrich August Winkler im Bundestag ganz
im Sinne Alfred Dreggers, die Deutschen dürften sich »durch die Be-
trachtung ihrer Geschichte nicht lähmen lassen«.

Alles nur Einzelmeinungen? Alles nur Einzelfälle? Ja, alles nur
Einzelfälle, aber sie ergeben wie Mosaiksteinchen ein Gesamtbild, das
nachdenklich stimmt. Die nach der deutschen Vereinigung erhobene
Forderung von Jürgen Habermas, die »klammheimlichen Phantasien
von der neu-alten europäischen Großmacht Deutschland« sollten endlich öffentlich diskutiert werden,[2] wird heute nur noch milde belächelt.
In der SPD stört sich niemand mehr an der Aussage Rudolf Scharpings,
er halte es für ein »konservatives Symbol«, wenn gefordert werde, die
Deutschen müssten endlich, wie alle anderen auch, überall auf der Welt
militärisch intervenieren können. »Das wollen wir nicht mitmachen.«[3]

---

2    Frankfurter Rundschau 12.6.1993.

3    Frankfurter Rundschau 9.10.1993.

Offiziell heißt es, einen Schlussstrich unter die Vergangenheit werde es niemals geben, tatsächlich dominiert das Schlussstrichdenken längst die politische Wirklichkeit. Den Weg dahin haben die westlichen Alliierten geebnet, weil sie die Deutschen, die eben noch für Hitler geschwärmt hatten, als Verbündete im Kampf gegen den ehemaligen Kriegsverbündeten im Osten für sich gewinnen wollten. Vorzeitig begnadigten sie verurteilte Naziverbrecher und ließen die Entnazifizierung zur Farce verkommen Andere drückten beide Augen zu, zahlten die Deutschen doch am meisten in die gemeinsame europäische Kasse und entlasteten damit die Budgets ihrer Nachbarn.

Die offiziellen Erinnerungsreden mir ihrem Bedauern für die Opfer des Naziregimes klingen hohl. Die Täter und die Stützen dieses Regimes kommen darin kaum vor. Über den deutschen Widerstand gegen Hitler wird wegen des hohen Anteils der Kommunisten an der innerstaatlichen Opposition nicht gesprochen. Nach dem deutschen Wirtschaftswunder wird der Welt jetzt auch ein deutsches Vergangenheitsbewältigungswunder präsentiert, an dem sich andere gefälligst ein Beispiel nehmen sollten, wären da nicht wie ein Menetekel die Worte des Auschwitz-Überlebenden Primo Levi:

»Es ist geschehen, und folglich kann es wieder geschehen. Darin liegt der Kern dessen, was wir zu sagen haben.« Mit dem Auschwitz-Prozess wollte Fritz Bauer dem Vergessen einen Riegel vorschieben. Wenige Wochen nach Beginn der Hauptverhandlung sagte er: »Nichts gehört der Vergangenheit an, alles ist noch Gegenwart und kann wieder Zukunft werden. Nichts ist, wie man zu sagen pflegt, bewältigt, mag auch die Öffentlichkeit sich gerne in dem Glauben wiegen, dass ihr zu tun fast nichts mehr übrig bleibe.« Für Alfred Dregger war das »törichtes Gerede«.[4]

---

4    dpa-Meldung vom 3.6.1965, zitiert bei Irmtrud Wojak, Fritz Bauer, Eine Biografie, München 2009, S. 447.

# Auswahlbibliografie

## 1. Auschwitz

Adler, H. G. / Langbein, Hermann / Lingens-Reiner, Ella (Hrsg.): Auschwitz. Zeugnisse und Berichte. Hamburg 1994.

Broad, Pery / Kremer, Johann Paul / Höß, Rudolf: Auschwitz in den Augen der SS. Warszawa 1992.

Auschwitz. Nationalsozialistisches Vernichtungslager. Redaktion: Franciszek Piper, Teresa Swiebocka. Oswiecim (Verlag des Staatlichen Museums Auschwitz-Birkenau) 1997.

Bastian, Till: Auschwitz und die »Auschwitz-Lüge«. Massenmord und Geschichtsfälschung. München 1997.

Czech, Danuta: Kalendarium der Ereignisse im Konzentrationslager Auschwitz-Birkenau 1939-1945. Reinbek bei Hamburg 1989.

Dlugoborski, Waclaw / Piper, Franciszek (Hrsg.): Auschwitz 1941-1945. Studien zur Geschichte des Konzentrations- und Vernichtungslagers Auschwitz. Oswiecim (Verlag des Staatlichen Museums Auschwitz-Birkenau) 1999.

Bd. I: Aleksander Lasik / Franciszek Piper / Piotr Setkiewicz / Irena Strzelecka: Aufbau und Struktur des Lagers.

Bd. II: Tadeusz Iwaszko / Helena Kubica / Franciszek Piper / Irena Strzelecka / Andrzej Strzelecki: Die Häftlinge, Existenzbedingungen, Arbeit und Tod.

Bd. III: Franciszek Piper: Vernichtung.

Bd. IV: Henryk Swiebocki: Widerstand.

Bd. V: Danuta Czech / Aleksander Lasik / Stanislaw Klodzinski / Andrzej Strzelecki: Epilog.

Fritz Bauer Institut (Hrsg.): Auschwitz: Geschichte, Rezeption und Wirkung. Jahrbuch 1996 zur Geschichte und Wirkung des Holocaust. Frankfurt a. M. 1996.

Greif, Gideon: wir weinten tränenlos... Augenzeugenberichte der jüdischen »Sonderkommandos« in Auschwitz. Frankfurt a. M. 1999.

Hahn, Hans-Jürgen (Hrsg.): Gesichter der Juden in Auschwitz. Lili Meiers Album. Mit einer Einleitung von Peter Moses-Krause. Berlin 1995.

Hamburger Institut für Sozialforschung (Hrsg.): Die Auschwitz-Hefte. Texte der polnischen Zeitschrift »Przeglad Lekarski« über historische, psychische und medizinische Aspekte des Lebens und Sterbens in Auschwitz. Bd. 1, Bd. 2. u. Ergänzungsband in einem Band. Hamburg 1994.

Höß, Rudolf: Kommandant in Auschwitz. Autobiographische Aufzeichnungen von Rudolf Höß. München 1963.

Inmitten des grauenvollen Verbrechens. Handschriften von Mitgliedern des Sonderkommandos. Oswiecim (Verlag des Staatlichen Museums Auschwitz-Birkenau) 1996.

Institut für Zeitgeschichte (Hrsg.): Standort- und Kommandanturbefehle des Konzentrationslagers Auschwitz 1940-1945 (Darstellungen und Quellen zur Geschichte von Auschwitz, Bd. 1). München u. a. 2000.

Langbein, Hermann: Menschen in Auschwitz. Wien/München 1995.

Meyer, Alwin: Die Kinder von Auschwitz. Göttingen 1995.

Piper, Franciszek: Arbeitseinsatz der Häftlinge aus dem KL Auschwitz. Oswiecim (Verlag des Staatliches Museums Auschwitz-Birkenau) 1995.

ders.: Die Zahl der Opfer von Auschwitz. Aufgrund der Quellen und der Erträge der Forschung 1945 bis 1990. Oswiecim (Verlag des Staatlichen Museums Auschwitz-Birkenau) 1993.

Pressac, Jean-Claude: Die Krematorien von Auschwitz. Die Technik des Massenmordes. München 1995.

Shelley, Lore (Hrsg.): Schreiberinnen des Todes. Dokumentation. Bielefeld 1992.

Staatliches Museum Auschwitz-Birkenau (Hrsg.): Memorial Book. The Gypsies at Auschwitz-Birkenau. Ksiega Pamieci. Cyganie w obozie koncentracyjnym Auschwitz-Birkenau. Gedenkbuch. Die Sinti und Roma im Konzentrationslager Auschwitz-Birkenau. 2 Bde. München 1993.

Staatliches Museum Auschwitz-Birkenau (Hrsg.): Sterbebücher von Auschwitz. Fragmente. Bd. 1: Berichte, 214 S.; Bd. 2: Namensverzeichnis A–L; Bd. 3: Namensverzeichnis M–Z, Annex. München 1995.

Staatliches Museum Auschwitz-Birkenau (Hrsg.): Hefte von Auschwitz. H. 1 bis 21. Oswiecim (Verlag des Staatlichen Museums Auschwitz-Birkenau) 1959-2000.

Steinbacher, Sybille: »Musterstadt« Auschwitz. Germanisierungspolitik und Judenmord in Ostoberschlesien (Darstellungen und Quellen zur Geschichte von Auschwitz, Bd. 2). München 2000.

Strzelecki, Andrzej: Endphase des KL Auschwitz. Evakuierung, Liquidierung und Befreiung des Lagers. Oswiecim (Verlag des Staatlichen Museums Auschwitz-Birkenau) 1995.

Swiebocki, Henryk (Hrsg.): London wurde informiert... Berichte von Auschwitz-Flüchtlingen. Oswiecim (Verlag des Staatlichen Museums Auschwitz-Birkenau) 1997.

Wagner, Bernd C.: IG Auschwitz. Zwangsarbeit und Vernichtung von Häftlingen des Lagers Monowitz 1941-1945 (Darstellungen und Quellen zur Geschichte von Auschwitz, Bd. 3). München 2000.

## 2. Der Auschwitz-Prozess

Baumann, Jürgen: »Wozu noch Auschwitz-Prozesse?«, in: Die politische Meinung, Jg. 9 (1964), H. 98, S. 53-63.

Bonhoeffer, Emmi: Zeugen im Auschwitz-Prozeß. Begegnung und Gedanken. Wuppertal-Barmen 1965.

Demant, Ebbo (Hrsg.): Auschwitz – »Direkt von der Rampe weg ...« Kaduk, Erber, Klehr: Drei Täter geben zu Protokoll. Reinbek bei Hamburg 1979.

Frei, Norbert: Der Frankfurter Auschwitz-Prozeß und die deutsche Zeitgeschichts-forschung, in: Fritz Bauer Institut (Hrsg.): Auschwitz: Geschichte, Rezeption und Wirkung. Jahrbuch 1996 zur Geschichte und Wirkung des Holocaust. Frankfurt a. M. / New York 1996, S. 123-138.

Haueisen, Heinz: »Auschwitz – eine Herausforderung an die Frankfurter Justizbe-hörden«, in: Ein Jahrhundert Frankfurter Justiz. Gerichtsgebäude A: 1889-1989. Hrsg. von Horst Henrichs / Karl Stephan. Frankfurt a. M. 1989, S. 185-200.

Kogon, Eugen: Kommentar nach dem Urteil, in: Frankfurter Hefte, Jg. 20 (1965), H. 12, S. 838-839.

ders.: Rechtsgrundsätze des Auschwitz-Urteils, in: Neue Juristische Wochenschrift, Jg. 18 (1965), H. 41, S. 1901.

Langbein, Hermann: Der Auschwitz-Prozeß. Eine Dokumentation. 2 Bde. Frank-furt a. M. 1995.

Lasik, Aleksander: Nachkriegsprozesse gegen die SS-Besatzung des KL Auschwitz, in: Auschwitz. Nationalsozialistisches Vernichtungslager. Oswiecim (Verlag des Staatlichen Museums Auschwitz-Birkenau) 1997, S. 448-463.

ders.: »Postwar Prosecution of the Auschwitz SS«, in: Yisrael Gutman, Michael Berenbaum (Ed.), Anatomy of the Auschwitz Death Camp. Bloomington 1994, S. 588-600.

Ormond, Henry: Zwischenbilanz im Auschwitz-Prozeß, in: Tribüne, Jg. 3 (1964), H. 11, S. 1183-1190.

ders.: Plädoyer im Auschwitz-Prozeß (24.05.1965). Sonderreihe aus gestern und heute, Nr. 7, 1965.

ders.: »Replik des Rechtsanwalts Henry Ormond im Auschwitz-Prozeß«, in: Frank-furter Hefte, Jg. 20 (1965), H. 12, S. 827-837.

ders.: Rückblick auf den Auschwitz-Prozeß, in: Tribüne, Jg. 4 (1965), H. 16, S. 1723-1728.

Naumann, Bernd: Auschwitz. Bericht über die Strafsache gegen Mulka und andere vor dem Schwurgericht Frankfurt. Frankfurt a. M. 1965.

ders.: Auschwitz. Bericht über die Strafsache gegen Mulka und andere vor dem Schwurgericht Frankfurt. Gekürzte und bearb. Ausg., Frankfurt a. M. 1968.

Schneider, Ulrich (Hrsg.): Auschwitz – ein Prozeß. Geschichte, Fragen, Wirkungen. Köln 1994.

Walser, Martin: Unser Auschwitz, in: Abendpost, 13./14.03.1965; ebenso in: Kurs-buch 1, Juni 1965, S. 189-200 u. Martin Walser, Heimatkunde. Aufsätze und Reden. Frankfurt a. M. 1968, S. 7-23.

Weiss, Peter: Meine Ortschaft, in: ders., Rapporte. Frankfurt a. M., 1968, S. 113-124.

Werle, Gerhard / Wandres, Thomas: Auschwitz vor Gericht. Völkermord und bundesdeutsche Strafjustiz: Mit einer Dokumentation des Auschwitz-Urteils. München 1995.

*Der Verfasser während der Dankesrede anlässlich der Entgegennahme
des Kultur- und Friedenspreises 2014 der Villa Ichon in Bremen.*

# Einem Nestbeschmutzer zum Gedenken

Als Sohn deutscher Eltern 1927 in Nordböhmen geboren, veröffentlichte Kurt Nelhiebel 1959 in der Frankfurter antifaschistischen Wochenzeitung »Die Tat« einen Artikel über die Nazivergangenheit des Bundesvertriebenenministers *Theodor Oberländer* (CDU) und löste damit eine Lawine aus, die den Minister zum Rücktritt zwang. 1964 erinnerte er im »Israelitischen Wochenblatt für die Schweiz« daran, dass der soeben mit dem Großen Bundesverdienstkreuz geehrte stellvertretende Aufsichtsratsvorsitzende der Ruhrchemie AG, *Heinrich Bütefisch*, 1948 wegen Beteiligung an Verbrechen in Auschwitz zu sechs Jahren Gefängnis verurteilt worden ist. Bütefisch musste den Orden noch am selben Tag zurückgeben. 2010 kritisierte Kurt Nelhiebel in der »Zeitschrift für Geschichtswissenschaft« die geschichtsrevisionistische Ausrichtung der Stiftung Flucht, Vertreibung, Versöhnung durch den Gründungsdirektor *Manfred Kittel.* Vier Jahre danach wurde Kittel mit sofortiger Wirkung von seinem Posten entbunden. 2014 prangerte er in der Berliner Zeitung »Tagesspiegel« den Umgang des Fritz Bauer Instituts mit seinem Namensgeber an; vier Monate später nahm der Direktor *Raphael Gross* ohne ein öffentliches Wort des Dankes durch den zuständigen Wissenschaftsminister seinen Hut. 2014 erhielt Kurt Nelhiebel den Kultur- und Friedenspreis der Villa Ichon in Bremen. 2018 wurde ihm in Würdigung seiner Verdienste um die Aufarbeitung der jüngsten Geschichte Deutschlands sowie um Versöhnung und Völkerverständigung das Bundesverdienstkreuz verliehen.